REIKI,
OUVRIR LE CŒUR,
ÉVEILLER L'ESPRIT

DU MÊME AUTEUR
aux éditions du Rocher

Reiki, sagesse et compassion, 1999
L'Art et la pratique spirituelle du Reiki, 1997

PATRICE GROS

REIKI,
OUVRIR LE CŒUR,
ÉVEILLER L'ESPRIT

ÉDITIONS DU
ROCHER
Jean-Paul Bertrand

Conseillère d'édition
Fanchon Pradalier-Roy

ISBN 2 268 03957 9

Aussi longtemps que l'on est soumis aux concepts dualistes et que l'on dépend d'autre chose que de soi-même, s'en remettre à des sources de guérison extérieures reste utile, et même essentiel. Mais il est important de comprendre que la guérison ultime consiste à aller au-delà de la dépendance de forces extérieures et à prendre possession de sa propre nature qui est paix et ouverture, pour que cette paix et cette ouverture nous permettent d'atteindre tous les autres êtres.

Tulku Thondup [1]

J'ai toujours aimé le désert. On s'assoit sur une dune de sable. On ne voit rien. On n'entend rien. Et cependant quelque chose rayonne en silence...

Saint-Exupéry

*Il suffit d'*être simplement présent *avec la personne malade, pour que le Reiki se produise !*

Don Alexander

Nous sommes ce que nous pensons ; tout ce que nous sommes s'élève avec nos pensées et c'est ainsi que nous créons le monde.

Le Bouddha

1. Tulku Thondup, *L'Infini Pouvoir de guérison de l'esprit*, Le Courrier du Livre, 1997, p. 237.

AVANT-PROPOS

Le mot, aussi précise et fidèle que soit la description, ne renferme jamais l'intégralité de ce qu'il désigne.

Krishnamurti

Voici un livre original sur le Reiki ! Celui-ci est différent des autres et unique en son genre puisqu'il est constitué de dialogues essentiels et d'un libre échange autour du Reiki, dans une transmission de cœur à cœur *(I shin den shin)*. La parution de mes deux ouvrages *L'Art et la pratique spirituelle du Reiki* ainsi que *Reiki, sagesse et compassion* a soulevé un intérêt pour des questions nouvelles auxquelles celui-ci va maintenant répondre. Laisser parfois des questions sans réponses peut s'avérer être extrêmement pédagogique, afin d'aider chacun à trouver les solutions en, et par, lui-même. Mais d'un autre coté, les réponses offertes peuvent aussi ouvrir sur une inspiration intérieure, et celles-ci deviendront alors comme le doigt qui montre la *lune de la vérité*.

Mes deux ouvrages précédents présentent en détail la méthode du Reiki d'une façon conventionnelle et constituent un exposé exhaustif de cette voie initiatique de guérison. Celui-ci est surtout constitué d'un ensemble de réponses vivantes, pertinentes et d'un libre partage concernant cet art sacré, afin d'en approfondir encore et encore l'expérience. Ce livre s'adresse tout autant aux néophytes qu'aux praticiens expérimentés, aux simples curieux qu'aux enseignants. Il sera par conséquent un parfait complément à tout ce qui a pu être dit et écrit sur le Reiki, par d'autres auteurs ou par moi-même, et apportera un nouvel éclairage à des questions que beaucoup de personnes se posent actuellement. Il contient également des informations totalement inédites concernant la transmission originelle de la méthode du Reiki.

Ces réponses furent inspirées par ma pratique personnelle, par les stages que je ne cesse d'animer depuis maintenant plus de dix ans, par mes entrevues lumineuses avec Don Alexander, mon initiateur principal, ainsi que par mes recherches, voyages et rencontres diverses, dans le monde si vaste du Reiki.

Fidèle à mon habitude, cet ouvrage ne se voudra pas technique mais philosophique, invitant chacun à découvrir la dimension intérieure et sacrée du Reiki, respectant ainsi la pensée de son fondateur Mikao Usui sensei. Car c'est bien l'aspect spirituel de cet art qu'il convient d'enseigner, et donc de recevoir.

Ce livre peut être ouvert au hasard, au gré de l'inspiration, ou lu consciencieusement du début à la fin. Quelle qu'en soit la façon, les réponses qu'il offrira iront directement au cœur du lecteur. Tel est mon souhait le plus cher !

REMERCIEMENTS

Une fois de plus je dédie cet ouvrage à mes nombreux stagiaires qui m'ont fourni l'enthousiasme nécessaire à l'écriture de ces pages ; à ma famille ; à mes maîtres ; à mes compagnons dans le Dharma et à tous mes amis. Je le dédie au peuple tibétain qui, sous le joug de la domination du gouvernement de Pékin, endure de sévères souffrances ; à la longue vie du dix-septième Karmapa de Rumtek, Urgyen Trinley Dorje, à celle de Sa Sainteté le dalaï-lama, ainsi qu'à celles de mes principaux maîtres : Sogyal Rinpoché et Gyétrul Jigmé Norbou Rinpoché.

J'exprime toute ma reconnaissance à Hiroshi Doï, à Chris Marsh et à Andrew Bowling pour m'avoir introduit aux méthodes originelles du Reiki Usui et pour avoir partagé avec nous leurs connaissances, leur lumière et leurs encouragements. Qu'ils en soient tous les trois vivement remerciés !

J'ai une chaleureuse pensée envers Don Alexander, mon ami, mon professeur et mon maître de Reiki, à qui je dois tout ce que je suis en mesure d'enseigner à mon tour. Il restera mon inspiration constante dans cette voie profonde de transformation, de guérison et d'éveil. Cet ouvrage est aussi le sien.

Je tiens à remercier tout particulièrement mon étudiante en Reiki Nathalie Piccioni, de Nice, praticienne confirmée de Reiki et artiste-peintre, véritable (art-)thérapeute dans l'âme, pour ses œuvres belles et inspirées [1] qui n'ont d'égale que l'ouverture et le rayonnement de son cœur ! Elle a su, bien au-delà des mots, exprimer la dimension intérieure du Reiki et faire ainsi passer la profondeur sacrée de cet art merveilleux.

Cette dédicace serait incomplète sans remercier Fanchon Pradalier-Roy [2] pour son soutien permanent, ainsi que pour toute l'aide apportée à l'accomplissement de mes projets passés, présents… et futurs !

---

1. Voir *Gasshô*, qui orne la page de couverture et qui exprime pleinement l'esprit du Reiki.

2. Fanchon Pradalier-Roy est responsable de la collection Astrologie aux Éditions du Rocher. Elle est aussi à l'origine de la création d'une université ouverte en astrologie sur Internet : www.univers-site.com, et l'auteur de *L'Univers de l'homme*, paru aux Éditions du Rocher en décembre 2000.

INTRODUCTION

N'importe qui peut accéder au Reiki parce qu'il commence à l'intérieur de soi.

Mikao Usui

La pratique ultime du Reiki consiste à reconnaître qui est la personne avec qui vous pratiquez. Est-ce une personne malade, ou est-ce un être de lumière ?

Don Alexander

Le Reiki n'apporta pas une transformation immédiate et fulgurante à mon existence, mais plutôt une *(r)*évolution sûre et progressive, semblable à la croissance d'un arbre majestueux qui prend ses racines en profondeur et dont la cime s'élève et s'épanouit haut dans le ciel. Il est intervenu dans ma vie après déjà dix années passées au sein d'un enseignement traditionnel, tel que le bouddhisme vajrayana et l'approche si particulière du dzogchen que je pratique toujours, et cela à la fois comme un parfait complément et une nouvelle vigueur dans ma croissance spirituelle. Le Reiki, en tant que chemin de vie et d'ouverture de la conscience, permet de se voir tel que l'on est : c'est en même temps rencontrer sa nature de guérison intrinsèque – non fabriquée, non rajoutée, non créée –, sa « nature de Bouddha » intérieure, ou nature divine, mais c'est voir aussi sa nature de confusion – ses émotions, ses frustrations, son samsâra – ce qui « coince » en soi et dans sa vie, dans une ronde sans fin, et y faire face. Le Reiki, uni à la pratique de la méditation, est devenu pour moi le meilleur des compagnons, le guide incomparable, sur cette voie d'éveil et de libération. Ma pratique actuelle s'exprime surtout par l'enseignement : enseigner les autres, dans une énergie de partage profond et intime, c'est aussi m'enseigner moi-même et me révéler les splendeurs du Reiki... C'est tout l'objet des lignes qui vont suivre.

Le Reiki est une pratique au-delà du mental, une expérience non verbale, et en fin de compte, une discipline spirituelle à part entière. Dans l'enseignement du Reiki, le corps n'est pas différent ni séparé de l'esprit. Le corps et la conscience sont simplement deux aspects d'une même réalité. Si l'on agit sur le corps, c'est aussi sur l'esprit que l'on opère, et vice versa. Ainsi, si l'on touche profondément le corps, cela revient à rencontrer la conscience de l'être soigné, ainsi que son énergie. Le Reiki est donc un art mystique de guérison de l'être complet – corps, âme, esprit. Il n'est dès lors pas assimilable à une approche médicale ni n'est régi par les même lois. Cela se ressent particulièrement lorsqu'on aborde les symboles/*kotodama* [1] d'Usui transmis durant les second et troisième degrés, et les méditations dans lesquelles ils nous entraînent. Tout praticien devrait s'adonner à cette contemplation du cœur qui consiste à garder le symbole *(hô)* à l'esprit et à ressentir la vibration du son (*kotodama*, le *mantra*) dans son corps et sa conscience. C'est voir le monde *à travers* le symbole, et modifier sa vision de l'univers. Il faudrait recourir à ces méditations aussi souvent que possible. La pratique du Reiki prendra alors non seulement tout son sens, mais elle deviendra la

---

1. *Kotodama* : son sacré (littéralement : âme des sons), vocalisé d'une certaine façon, comme peuvent l'être les *mantra* de la tradition indienne.

meilleure façon qui nous sera donnée d'honorer le cadeau qu'Usui sensei offrit au monde, puis de dédier cette pratique à tous les êtres vivants.

C'est ainsi que le Reiki peut tenir une place de plus en plus importante dans notre monde actuel en recherche de nouvelles valeurs comme celle de la libération spirituelle. L'aspect réellement sacré du Reiki, ses origines profondes, reliées à la tradition bouddhiste, ainsi que l'expérience authentique de son fondateur lui confèrent sa justesse et sa crédibilité, et une place au même rang que tous les autres arts traditionnels japonais.

REIKI [1]

1. Écriture en kanji ancien du mot « Reiki » tel qu'il est gravé sur la stèle funéraire de Mikao Usui. Cette illustration est tirée du site internet http://www.members.aol.com/danujane/homepage.html.

Reiki, pluie de bénédictions :
la descente de l'eau céleste
(explication de l'idéogramme « Rei-Ki »

Au commencement était le ciel, la voûte céleste, l'infini…

d'où émanèrent des pluies de bénédiction…

qui se transformèrent en trois purs joyaux :
trois trésors de sagesse, d'amour et d'énergie.

Tel un *chaman* qui étend ses bras et lève ses mains vers les cieux,
recevant des vagues de bénédictions et bénissant le monde…
Dressé entre ciel et terre, reliant l'absolu au relatif,
canalisant sur les êtres humains une force nouvelle,
un amour sans limites et une lumière glorieuse…

Une énergie d'éveil et de libération spirituelle,
Reiki, *Souffle de Vie* originel,
qui anime les êtres et la création tout entière.

ENTRETIENS *SANZEN* ET *MONDO*[1]

Enseigner est la meilleure voie pour apprendre. Le véritable apprentissage du Reiki commence après que vous serez devenu un maître de Reiki et que vous aurez commencé à enseigner les autres.

Hiroshi Doï

Je sais que nous sommes tous au même niveau – qu'on peut, sans fin, donner et recevoir ; qu'on apprend autant de ceux qui écoutent que de celui qui parle[2].

Nous sommes tous des professeurs, et ce que nous enseignons n'est autre que ce que nous avons besoin d'apprendre, et ainsi nous enseignons encore et encore jusqu'à ce nous ayons appris.

Préceptes tirés du Cours des Miracles[3]

---

1. À l'origine, *sanzen* et *mondo* sont des expressions qu'utilise le zen japonais. Le premier mot signifie « entretien » (avec un maître spirituel), et le second, « question-réponse ». Comme il s'agit à l'origine d'une relation avec un être spirituellement réalisé, les réponses sont dites inspirées. De ce fait, elles ouvrent le cœur et éveillent l'esprit de l'étudiant.

2. Chungliang Al Huang, *Tai Ji Danse du Tao*, Guy Trédaniel, 1986, p. 109.

3. Dans Ralph Blum, *Les Runes divinatoires*, Robert Laffont, 1999, p. 140.

Aucune des réponses proposées ici n'a la prétention d'être des vérités absolues, mais des *vérités de l'instant.* Chacune d'elles est en relation avec les personnes qui questionnent ainsi que le contexte et l'énergie où se déroulent ces échanges. Des réponses différentes auraient sûrement été données à d'autres personnes, selon un nouvel environnement et une inspiration autre.

Les initiations du Reiki

QUESTION 1 : Le point de départ du Reiki repose sur la transmission d'initiations. Pouvez-vous nous parler un peu plus de celles-ci, de leurs fonctions et comment elles agissent ?

RÉPONSE : Certains enseignants prétendent que les initiations du Reiki ouvrent une porte permettant de suivre le chemin menant jusqu'à l'illumination. De façon conventionnelle, les initiations donnent accès à la pratique du Reiki. Sans celles-ci, notre pratique n'aurait aucun pouvoir et elle ne serait porteuse d'aucune grâce. C'est aussi la lignée de transmission authentique, sans modification ou altération, de Mikao Usui jusqu'à votre initiateur actuel, qui offre cette possibilité particulière. Traditionnellement, il est dit que l'initiation est comparable à une semence ou une graine. Le but d'une initiation est donc de planter les graines de la libération spirituelle, et d'ouvrir le chemin vers l'éveil. Elle fait mûrir et apporte le fruit. Ainsi, l'initiateur en Reiki est porteur d'une bénédiction spirituelle qu'il peut transférer lors d'un rituel spécifique, que les enseignants occidentaux appellent une « initiation », ou « harmonisation ». Les Japonais utilisent le terme *reiju* (*rei* : l'énergie du Reiki ; *ju* : donner, offrir) qui n'est pas une initiation dans le sens où nous le pratiquons en Occident. Il s'agit davantage d'une mise en « connexion » avec l'énergie du Reiki permettant l'ouverture correcte du canal. Le *reiju* serait en réalité l'un des rituels de la tradition du bouddhisme japonais tendaï, permettant d'apporter la bénédiction spirituelle. Il été repris ou développé par Mikao Usui, à la suite de son illumination, afin d'introduire et de rendre le Reiki accessible à tous. Le *reiju* ouvre l'esprit et purifie notre karma passé. Mais, malgré sa puissance, il y a bien d'autres niveaux ou aspects dont nous n'avons pas conscience véritablement. Il semblerait ensuite que la forme originelle ait évolué de nombreuses fois, notamment avec Chujiro Hayashi, l'un de ses tout derniers élèves. Cependant, une des formes originelles semble toujours pratiquée par l'association Usui Gakkaï, au Japon, ainsi que par d'autres élèves d'Usui, dont certains sont encore vivants. Le *reiju* est donné systématiquement durant le rassemblement des membres de l'association d'Usui. Chaque participant est invité à le recevoir autant de fois que possible, augmentant grandement le pouvoir de transmission du Reiki. Il se donne dans le contexte de pratiques méditatives, mais parfois aussi de façon informelle, selon les différents maîtres qui la transmettent.

Bien qu'il puisse véhiculer une réelle bénédiction, l'initiateur n'est en même temps détenteur d'aucun pouvoir en lui-même. Il s'agit plutôt de la transmission d'une grâce. Ainsi, intervient-il davantage en tant que canal de l'énergie spirituelle, tout comme la personne nouvellement initiée sera considérée, à son tour, comme le véhicule de cette force de guérison et de transformation. L'initiation est une transmission vivante qui s'adresse directement à notre énergie de vie. Elle consiste à retrouver un potentiel préexistant en chaque individu. Dans le système développé par le docteur Hayashi, chacune des différentes initiations du Reiki possède un pouvoir particulier qui agit d'une façon spécifique sur le plan énergétique et endocrinien, et donc indirectement, sur la conscience et l'être en son entier. Mais avant tout, rappelons que le but ultime d'une initiation, quelle que soit sa tradition, est d'implanter en chacun les germes de l'éveil. Celles du Reiki n'échappent pas à cet objectif initial.

Selon l'un des premiers rituels qui m'a été enseigné, transmis à l'origine par Mme Takata, la première des initiations intervient plus spécifiquement au niveau du septième *chakra* (le « *mandala* de grande félicité »), en relation avec la glande pinéale du système endocrinien, et avec ce que l'énergétique chinoise appelle le point *bai hui*. Elle consiste à « ouvrir la porte du ciel » et permettre la mise en résonance avec l'énergie universelle, celle du « ciel antérieur » *(yuien chi)*, dont nous sommes coupés par le fait de notre incarnation et de notre conditionnement (à moins de pratiques spirituelles régulières et approfondies). Durant ce rituel, la paume des mains et les doigts sont harmonisés par deux fois (notamment au niveau du point *laogong*), grâce aux quatre symboles d'Usui. L'initiateur exécute certains mouvements spécifiques, prenant les mains de l'initié dans les siennes et visualisant chaque symbole selon un ordre précis. Cela se renouvellera pour les trois autres cérémonies, de même en ce qui concerne le souffle énergétique final sur certains centres spirituels d'énergie *(chakra)*, en fin d'initiation.

La seconde initiation, tout en continuant son action sur le septième *chakra*, agit ensuite plus précisément sur celui du cinquième, lié à la glande thyroïde du système endocrinien, en relation avec le point *dazhui* connu de l'acupuncture, au niveau de la septième cervicale. Cette initiation ouvre, favorise ou libère l'expression et la communication (le point *dazhui* est aussi en relation avec le centre sexuel).

La troisième initiation s'exécute plus spécifiquement au niveau du sixième *chakra* (glandes hypothalamus et pituitaire du système endocrinien), en relation avec un point que l'acupuncture nomme *yuzhen*. Ici, on travaille davantage sur les pensées fixatrices, les névroses répétitives, libérant, épurant et apaisant le plan mental. Cette initiation agit également sur le système nerveux entier, ainsi que sur la sphère psychique et cognitive.

Quant à la dernière des initiations du premier degré, elle a pour fonction, dit-on, de fixer en quelque sorte les initiations reçues, permettant l'ouverture et la connexion définitive avec l'énergie primordiale. Elle offre ensuite pleinement la possibilité de capter et de transmettre celle-ci. On agit une fois de plus au niveau du septième *chakra*, en relation avec le point *bai hui* (coronal), et en même temps au niveau du sixième *chakra*, en relation avec les points *yintang*, entre les sourcils, et *dazhui*, à l'opposé (ou parfois aussi au niveau du « trou occipital », à la base du crâne).

Il est également expliqué que, durant les initiations du Reiki, une action est produite sur le *chakra* du cœur (thymus), relié au point *shanzhong*, traitant et purifiant les passions ainsi que les diverses émotions, en mettant celui-ci directement en rapport avec le centre *(chakra)* des mains.

Concernant les rituels initiatiques du Reiki, aucune information précise ne nous aurait été donné par Mme Takata qui, constamment, renvoyait ses élèves à eux-mêmes, leur demandant de simplement *pratiquer*. Selon elle, il n'était pas nécessaire d'expliquer les initiations, le point principal étant de *juste sentir* ce qui se passait quand on les recevait. J'ai cependant entendu un jour Fran Brown, une élève directe de Mme Takata, expliquer que la première initiation servait à « ouvrir », les deux suivantes, à « remplir », et la dernière, à « sceller ». Une autre explication me fut donnée par des initiateurs d'une école orientale du Reiki, le *Reiki Jin Kei Do* : la première initiation permet l'ouverture, la seconde agit sur le système nerveux entier, la troisième agit plus spécialement sur le système endocrinien, et la dernière consiste à fermer, ou sceller[1]. On retrouve là encore les mêmes notions. On a pu observer également une action indirecte sur les autres centres d'énergie, notamment sur le premier *chakra*, à la base de la colonne vertébrale (point *hui yin* de l'énergétique chinoise, au niveau du périnée). Beaucoup ressentent alors un ancrage et un enracinement plus grand dans leur vie, à la suite de ces différentes initiations. Comprenons ici qu'il ne s'agit pas, à travers les initiations du Reiki, d'*ouvrir* les différents *chakra*, mais plutôt d'harmoniser un canal permettant le libre passage de l'énergie primordiale à travers notre système énergétique complet et d'y faire descendre l'*eau céleste*. De même, ce n'est pas une *partie* spécifique du corps qui reçoit l'initiation, mais bien le *cœur esprit* (la conscience), et l'être en son entier. Il en est ainsi parce que l'on explique en Orient que l'esprit chevauche les souffles d'énergie qui circulent dans certains canaux spécifiques. Ainsi que l'exprimait Mikao Usui : « L'énergie et la lumière irradient de toutes les parties du corps de la personne qui donne le soin. L'énergie et la lumière irradient principalement des yeux, de la bouche et des mains du donneur... » Ces différentes initiations auraient donc pour fonction d'établir à la fois une connexion, ou une mise en résonance, avec l'énergie cosmique, et aussi de préparer et de purifier la personne ainsi que ses centres spirituels d'énergie, afin de la rendre apte à canaliser l'énergie primordiale du Reiki sans dommage. Il va sans dire qu'elles engagent par conséquent un épanouissement et une ouverture de la conscience, et qu'elles agissent comme un baptême ou un sacrement particulier, permettant à quiconque de recevoir la bénédiction et les empreintes spirituelles nécessaire à son cheminement vers

1. Les initiations du *Reiki Jin Kei Do* agissent sur les quatre centres principaux supérieurs (coronal, frontal, gorge et cœur).

l'éveil. Ces initiations entraînent parfois, on s'en est rendu compte, de profondes modifications dans la vie de chacun, tant au niveau physique, que mental et spirituel.

Rappelons également que selon l'enseignement de Chujiro Hayashi [1], il est prévu de donner pour le premier degré quatre initiations séparées dans le temps, au minimum sur deux jours, et distinctes les unes des autres (agissant, comme on vient de voir, sur des points spécifiques) et, respectivement, une seule initiation pour le second degré (transmise plusieurs mois après), ainsi que pour le troisième.

Lors d'un séjour à Vancouver, il m'a été présenté les initiations du vénérable Tatsumi sensei (décédé en 1992, et l'un des derniers élèves de Chujiro Hayashi), que j'ai adoptées quelque temps dans mon enseignement du Reiki. Celles-ci diffèrent encore de ce que Takata a communiqué à l'Occident. Tout d'abord, l'initiateur se centre intérieurement par l'appel du symbole de maître. Puis, il prépare le postulant à l'initiation par un lissage du corps énergétique, exécuté plusieurs fois de suite. Il invoque ensuite les symboles du Reiki selon un mode et un ordre différent du rituel de Mme Takata. Le souffle énergétique final est nouveau, ainsi que la façon de terminer cette initiation, par un lissage cette fois plus dynamisant. Plusieurs des premiers maîtres de l'Alliance Reiki, bien que tous initiés par Mme Takata, possèdent, paraît-il, des rituels différents. Ceux qui ont été transmis par Hayashi au révérend sensei Takeuchi *(Reiki Jin Kei Do)*, un moine de la tradition zen, ne sont pas les mêmes également. Par exemple, le quatrième symbole n'est pas utilisé durant le rituel des initiations du premier et du second degré, mais uniquement pour le degré de « maître ». Nous savons maintenant de source sûre que le docteur Hayashi avait modifié et adapté l'enseignement

---

1. Voir *Takata* et le *Reiki Jin Kei Do* de Takamori sensei, entre autres.

originel du Reiki, tant en ce qui concerne la méthode de transmission et d'enseignement, les pratiques d'imposition de mains que les rituels d'initiation *(reiju)*[1]. Hayashi ne désirait pas se conformer à la méthode utilisée par les responsables de l'association d'Usui. Selon l'approche de Tatsumi, par exemple, *une seule* initiation est donnée pour le premier degré, mais celle-ci est renouvelée *quatre fois* durant la formation. En revanche, celle-ci est très complète et agit sur tous les centres principaux à chaque fois. Lors du second degré, une initiation par symbole est conférée séparément (ce qui fait donc *trois* initiations pour le second degré). Quoique différentes de ce que je connaissais jusqu'à présent, celles-ci sont très puissantes tout en étant remplies de douceur. C'est ce que j'expérimentais, ainsi que mes élèves, lorsque je les mettais en application. Dans un autre rituel japonais encore plus complexe, qui semble appartenir à la lignée du maître Toshihiro Eguchi (un des proches élèves d'Usui), il n'est utilisé *aucun des quatre symboles* lors de l'initiation du premier degré. Cela peut paraître assez curieux. Un enseignant de Reiki canadien, lors d'un voyage au Maroc, a rencontré fortuitement Yuji Ohnuki, un moine bouddhiste également maître de Reiki. Celui-ci lui a transmis une initiation des plus informelles, consistant simplement à tenir ses mains ouvertes entre les siennes. Ce n'est que bien plus tard qu'il réalisa ce qui lui avait été transmis ! Frank Arjava Petter (l'auteur bien connu de *Reiki Fire* et *Reiki, the legacy of Dr Usui*, maintenant traduits en français) m'expliqua qu'il reçut une initiation

1. « Mme Furumoto a indiqué en 1992, dans la revue *Reiki News*, que sa grand-mère, Mme Takata, avait modifié les rituels d'initiation reçus du Dr. Hayashi… Mme Takata aurait, il y a un demi-siècle, enseigné aussi divers rituels d'initiation à ses différents élèves de maîtrise, selon les exigences du jour », *in* W. Distel & W. Wellmann, *L'Esprit du Reiki*, Guy Trédaniel, 1999, p. 172.

complètement atypique de la part d'un maître japonais. Il était assis en méditation, quand celui-ci se mit à entonner les poèmes de l'empereur Meïji. L'effet produit, ainsi que la bénédiction reçue furent tels qu'il resta ensuite l'esprit absorbé des jours durant…

> Après avoir parlé de tout, sur d'innombrables sujets pendant des heures, il se mit tout à coup à chanter. Cela m'a surpris et m'a complètement bouleversé. Je fermai les yeux et me laissai submerger par l'énergie. Une heure plus tard, alors que j'étais assis dans le métro, j'ai eu le sentiment que quelqu'un avait ouvert le sommet de ma tête et que l'énergie pulsait follement dans mon front [1].

Pendant mon séjour au Canada, j'ai eu l'extrême privilège de rencontrer Hiroshi Doï, un des maîtres de Reiki membre de l'association fondée par Usui au Japon. Il nous a introduit et initié à une forme d'harmonisation [2] qui se trouve être d'une simplicité désarmante… mais ô combien puissante et riche en bénédiction ! Je ressens que cette forme ne sera pratiquée qu'à partir du moment où l'on aura une profonde expérience du Reiki (ou éventuellement une maîtrise approfondie des méthodes initiatiques décrites ci-dessus), et un aperçu de l'état parfait de non-intervention. Durant ce *reiju*, il s'agit de rentrer dans l'état canal de *maître de Reiki*, où le sentiment du non-agir prédomine sur la méthode à accomplir. C'est l'*intention pure*, la conscience juste de l'initiateur, ainsi que la pureté de la transmission qui sont ici les plus importantes. Cette initiation est totalement informelle, assez courte, et l'on peut la renouveler autant de fois qu'on le souhaite avec ses étudiants, selon les possibilités, afin

---

1. Frank Arjava Petter, *Reiki : Le Legs du Dr Usui*, Niando, p. 114.

2. Cette forme enseignée par Hiroshi Doï est l'une des plus proches de celle que pratiquait Usui initialement. Elle est basée sur la méthode originelle enseignée au sein de l'association japonaise, telle que M. Doï l'a reçue de nombreuses fois de Mme Kimiko Koyama, alors présidente et responsable de l'association de Reiki (Usui Gakkaï).

d'ouvrir, de renforcer et d'augmenter leur capacité à canaliser l'énergie. Il s'agit en fait d'une façon de faire très *japonaise*, c'est-à-dire essentielle et dépouillée, alors qu'en Occident, il semblerait que les initiations et les rituels soient établis de façon beaucoup plus systématique et paraissent mieux convenir à notre état d'esprit cartésien. La mentalité japonaise, quant à elle, reste davantage flexible à ce sujet. En ce sens, leurs *reiju* sont parfois officieuses...

Dans le Reiki occidental, le rituel d'initiation a été établi d'une manière très systématique. Dans le système traditionnel japonais, le maître avait une bien plus grande liberté et suivait son inspiration [1].

Dernièrement, à Londres puis à Folkstone, j'eus le privilège de recevoir un enseignement particulier de Reiki provenant de l'une des toutes premières élèves de Mikao Usui, une vieille nonne bouddhiste toujours vivante et actuellement âgée de cent cinq ans (mais dont le nom ne sera pas révélé afin de préserver son intimité). Elle rencontra Mikao Usui en 1915, à l'âge de vingt ans. Cet enseignement incorpore *le reiju* authentique, celui-là même que pratiquait Usui à l'origine. Il est quasi identique à celui que nous avait enseigné Hiroshi Doï, bien que plus complet. Il y a cependant quelques détails qui font toute la différence [2] ! C'est désormais cette façon de procéder que j'utilise exclusivement dans mes stages de formation.

QUESTION 2 : Les Japonais pratiquent-ils l'initiation au niveau du centre énergétique des pieds ?

---

1. Frank Arjava Petter, *Reiki : Le Legs du Dr Usui*, *op. cit.*, p. 40.

2. Là encore, le principe est d'ouvrir les quatre centres : coronal, frontal, laryngé et cardiaque, ainsi que le circuit énergétique qui se trouve relié avec les mains. Ce rituel fait partie de la tradition tendaï du bouddhisme ésotérique japonais, et représente ce que l'on appelle dans cette tradition « la bénédiction des cinq pouvoirs ».

Réponse : Non, absolument pas. Je pense que cela ne viendrait même pas à l'idée d'un maître de Reiki traditionnel, bouddhiste qui plus est, de tracer ou d'invoquer des symboles sacrés au niveau des pieds. Ce ne serait pas de très bon augure que de procéder ainsi. En revanche, dans un des rituels japonais et dans celui que pratique généralement Hiroshi Doï, il y a un moment précis où l'on agit sur un point des chevilles. Je pense que cela est en relation avec un certain centre énergétique. C'est la raison pour laquelle nous avons vu aussi des développements différents dans la façon de soigner avec le Reiki. Tel enseignant insistera davantage sur des positions de mains agissant spécifiquement sur les points d'acupuncture, comme ce fut le cas de sensei Tatsumi, alors que le Reiki Jin Kei Do insiste plutôt sur les *marma* et les *chakra* de l'énergétique indienne. Takata avait, quant à elle, proposé un soin complet du corps, y compris le dos, les jambes ainsi que les pieds, liés aux points de traitement de la réflexologie plantaire. Usui avait semble-t-il sa propre façon d'aborder les soins, en privilégiant certaines positions, comme celle de la tête et celle du nombril. Dans ce contexte, la personne qui recevait les soins était principalement assise et non allongée (sauf dans de rares exceptions), contrairement à ce que l'on pratique en Occident.

Question 3 : Pratiquez-vous les « initiations à distance », et peut-on procéder de la sorte ?

Réponse : Quel est l'intérêt de faire ainsi ? Je pense que c'est *techniquement* possible, mais le Reiki est, et doit rester, une transmission orale, physique et énergétique, donc vivante. Bientôt, on va vous transmettre les initiations par Internet : vous n'aurez plus qu'à rester assis tranquillement chez vous, devant votre écran d'ordinateur… D'ailleurs, je n'invente rien, certains serveurs le proposent déjà !

Je crains que de cette façon, le niveau spirituel du Reiki aille en diminuant, et la majorité des personnes vont perdre confiance et manquer de respect envers cette science sacrée. Pour ma part, je privilégie le rapport humain qu'offre le contact direct et physique entre la personne initiée et son enseignant, sans parler de la dynamique de groupe que procure un stage. J'ai réellement conscience de la valeur spirituelle qu'offre une initiation dans une relation d'échange, c'est la raison pour laquelle je ne pourrais pas imaginer offrir une initiation « à distance », en tout cas à une personne non initiée au Reiki. Je suis persuadé qu'un prêtre pourrait bénir ou baptiser à distance, mais je n'en connais aucun qui pratique ainsi !

La place des symboles dans la transmission du Reiki et leurs origines

QUESTION 4 : Quelle est la place des symboles dans le contexte de ces initiations ?

RÉPONSE : Sachez tout d'abord qu'au sein de l'enseignement originel d'Usui il n'existe aucun symbole *visuel*, du moins tel qu'on l'entendait jusqu'à présent. Je reste conscient que cette assertion va surprendre nombre d'entre vous. Sachez aussi que le rituel d'initiation originel d'Usui n'en applique donc aucun. Auparavant, je pensais que sans les symboles, il n'y avait pas d'initiations possibles. Mes croyances concernant la pratique du Reiki ont quelque peu été dérangées au fil du temps ! Ainsi, seule la vibration des *kotodama* (le pouvoir sacré et mystique des sons) accompagnait les pratiques du Reiki. Par exemple, la nonne japonaise n'a reçu et appris d'Usui que les *kotodama*, et elle n'a aucune connaissance des symboles en tant que supports utilisés dans le Reiki. Cependant, elle les reconnaît comme étant en relation avec le bouddhisme ésotérique japonais (mikkyo). Seul Hayashi et peut-être quelques autres auraient reçu la transmission de symboles en plus des *kotodama*.

Usui a donc introduit et incorporé les symboles à son enseignement bien après la transmission des *sons sacrés*.

Mais revenons toutefois en à ces symboles. Don Alexander nous expliquait qu'à une certaine époque, vers le Ve siècle de notre ère, l'enseignement du bouddhisme était devenu purement philosophique, analytique et parfois même stérile. Cela s'est ressenti à travers l'Inde entière et pas seulement dans le contexte du bouddhisme. Alors est apparu l'enseignement « symbolique » comme un support d'expression. Par exemple, les lettres de l'alphabet étaient utilisées comme des symboles spirituels [1]. Don nous expliquait qu'en sanskrit, chaque son est reconnu par sa qualité particulière. En premier viennent les voyelles, courtes et longues, ayant chacune leur symbolisme spécifique. Puis viennent les consonnes, etc. Pour les Indiens, le monde est une structure de vibrations, représentée par un son, qui à son tour traduit une expérience. Selon eux, tout est son, vibration ou énergie.

> Les cinq éléments fondamentaux de l'univers (terre, eau, feu, vent, éther) produisent des sons au moindre contact. Cela signifie qu'il existe des langages en tout. Dans ce cas-là, tout ce qu'on voit, entend, sent, goûte, et pense sont également des mots. On peut ainsi dire que tous les phénomènes de l'univers sont tous des mots qui enseignent la vérité. Les chants des oiseaux, le courant de l'eau, les bruits du vent, tous disent constamment la vérité éternelle.
>
> Kôbô Daïshi [2]

C'est de cette base que vient un certain alphabet mystique qui, en Inde, porte le nom de *siddham*. Chacune des syllabes

---

1. « Dans une des plus anciennes écoles de pensée indienne le son est tenu pour éternel et a toujours existé sous forme de lettres de l'alphabet. » Pierre Rambach, *Le Bouddha secret du tantrisme japonais*, Skira, 1978, p. 60.

2. Révérend Yukaï (Dr Billaud), *Shingon, bouddhisme japonais traditionnel*, Temple de Kômyô-in, 89350 Villeneuve-les-Genêts, p. 11.

de cet alphabet est à l'origine des différents *mantra*, ces « paroles de vérité » (*shingon*, en japonais). Le bouddhisme ésotérique vajrayana, ainsi que le tantrisme indien, vient de cet enseignement originel. Le Reiki utilise, quoique dans une forme adaptée, la puissance de ces *mantra*, sons et énergies à la fois. Nous avons peut-être affaire ici à une transcription de symboles sanskrits en japonais, car cela devenait plus facile à comprendre et à utiliser pour le peuple japonais. C'est le cas notamment des troisième et quatrième symboles utilisés, constitués d'idéogrammes. Ainsi, le Reiki est-il devenu un enseignement accessible à tous et dans le monde entier. Mikao Usui avait un esprit vraiment très vaste pour avoir pu enseigner cela… l'esprit d'un vrai bodhisattva !

Le but du Reiki, à travers l'invocation de symboles sacrés est de faire accroître les germes de santé/sainteté fondamentale contenus en chacun. C'est la perspective de certaines écoles japonaises.

Beaucoup de traditions spirituelles, y compris le Reiki, utilisent des supports contemplatifs, des « symboles », des sons/vibrations, afin de transformer l'esprit, d'ouvrir la conscience et de réaliser sa nature véritable. Dans un tel contexte, il faut bien comprendre que ce que l'on invoque sous forme d'image, de symbole, de *mandala*, d'icône, de son particulier ou *mantra*, n'est en rien séparé de son esprit. Au sein du Reiki, les symboles apparaissent comme des miroirs de ce que l'on est, et de ce que l'on doit réaliser et exprimer. Invoquer un symbole, c'est se relier à ce que l'on *est* dans sa réalité divine. Les symboles sont donc perçus comme étant des reflets de la sagesse, de la compassion et de l'énergie universelles, apparaissant sous la forme d'un signe, d'une écriture particulière *(hô, shuji)*, tout à la fois son, image et vibration. Ils sont comme personnifiés sous l'aspect d'une forme visible et d'un son audible avec lesquels le corps, la parole et l'esprit peuvent travailler. On peut considérer les symboles comme extérieurs à soi et comme étant une représentation de qualités spirituelles spécifiques, ou considérer que ces symboles sont une manifestation et un rayonnement de qualités inhérentes de *sa* nature éveillée fondamentale. Les deux approches sont possibles, selon le niveau d'entendement des personnes. Mais de ces deux procédures, la seconde me semble la plus profonde parce que non duelle. Le symbole est la forme, ou la représentation, de la perfection des individus. Chacun des symboles du Reiki est une expression de cette « nature de Bouddha » et du potentiel de guérison. Ils permettent ainsi de se relier constamment à sa nature primordiale, pure et parfaite. C'est parce qu'ils résident *en soi* que l'on peut invoquer ces différents symboles.

Plus simplement, la forme du symbole est comme un médiateur et un rappel des qualités intrinsèques de guérison, et son *mantra (kotodama)* comme une déclaration, une affirmation de ce pouvoir. Les symboles sont la manifestation, ou la personnification, extérieure d'un potentiel intérieur. Ils sont donc une aide précieuse pour changer sa représentation et son observation du monde. Non qu'il faille créer une nouvelle perception de l'univers et le voir différent de ce qu'il est, mais plutôt développer la pure perception de celui-ci, tel qu'il a toujours été dans sa réalité première, mais que l'on n'est pas en mesure de reconnaître par ignorance et par conditionnements. Ce que propose le Reiki, c'est une vision déconditionnée des êtres, du monde et des situations. C'est ce que certains enseignements appellent la *vision pure* ou vision sacrée. Les symboles du Reiki sont des aides considérables dans ce sens, car ils définissent la réalité, ils expriment la vraie nature des êtres et de l'univers. Comprenez bien, encore une fois, qu'il ne s'agit pas de créer une *nouvelle* réalité, de surimposer une vision à ce qui est déjà, mais de revenir à une perception originelle et de voir les choses telles qu'elles sont depuis toujours [1].

Par conséquent, si je vois le divin ou la perfection en l'homme, je ne peux plus voir en même temps celui-ci comme étant mauvais, limité ou malade, etc. Cette vision profonde transforme l'humain. De même, si je vois le divin au sein de tout phénomène, une tumeur par exemple, eh bien je ne vois plus la tumeur en tant que telle, ou seulement sous cette apparence dualiste. C'est le divin que je perçois *avant tout*. Cette tumeur, cette crise de foie, ou n'importe quelle autre forme de souffrance, aura alors une chance plus grande de se transformer, de me délivrer un message, voire de disparaître, car elle ne sera plus saisie comme quelque chose de « solide », d'autonome, de permanent, d'unique et d'indépendant.

Concrètement, si, durant ma pratique du Reiki, je me relie à un symbole qui exprime la notion de l'énergie primordiale et qui me montre alors que le monde, dans sa vraie nature et son essence, est vacuité, ouverture et une manifestation de la même énergie, alors je me sens plus libre, moins oppressé. Je peux dépasser l'apparence première, voir au-delà de ce reflet. Ce type de vision profonde amène une libération, non parce qu'il y a quelque chose à libérer, mais parce qu'il en est toujours allé ainsi, de façon fondamentale. J'ai déjà fait référence, dans mes livres précédents, à un texte qui exprime

1. Cela ressemble fort à une pratique bouddhiste tibétaine que l'on appelle *kyérim*. Selon Sogyal Rinpoché, il s'agit d'une pratique de pure perception qui consiste à dissoudre notre attachement, nos perceptions ordinaires illusoires, *notre façon* de voir le monde. Cela purifie nos sens, nos habitudes et notre être tout entier, jusqu'à l'environnement extérieur. Ainsi est-il dit dans les enseignements : *si les perceptions sont pures, les apparences sont pures*. Il ne s'agit pas pour autant de voir purement quelque chose qui serait impur mais plutôt de percevoir la *pureté intrinsèque*, sans fabrication, à l'état naturel.

en partie cela : « Observe directement la maladie, elle n'a ni réalité substantielle, ni forme, ni couleur, ni rien : elle est spontanée dans sa vacuité. Reconnais-la comme telle, *elle se libérera d'elle-même* naturellement. » C'est de cela qu'il s'agit.

Si j'utilise un autre symbole qui me montre la nature de guérison intrinsèque de la personne traitée, je ne me relie alors plus simplement à la partie malade et en souffrance du patient, mais à ce qui en lui représente sa dimension que je nomme de « complétude ». L'expérience du soin devient là aussi complètement différente. Ce que demande le Reiki, c'est de dépasser la vision fallacieuse que l'on a de l'univers pour en percevoir la nature originelle. Les symboles *introduisent* cette façon de regarder et cela devient, à la longue, une expérience réelle et pas simplement un concept.

QUESTION 5 : Vous avez mentionné qu'à l'origine, l'enseignement du Reiki ne comportait aucun symbole. Cependant, ils sont apparus à un moment donné. Connaît-on l'origine exacte de ces quatre symboles ?

RÉPONSE : Absolument. Cela est enseigné dans le système de l'Usui Teate. Les symboles du Reiki ont une origine bouddhiste et sont reliés à certaines déités de méditation. Il semblerait également que l'un des symboles serait tiré d'un rituel de guérison appartenant au bouddhisme ésotérique japonais (lié, je pense, au bodhisattva de la compassion). Un autre symbole est une syllabe sanskrite, elle aussi utilisée comme support de contemplation dans le bouddhisme shingon et tendaï. Le troisième serait le seul qu'Usui aurait réellement transmis, et représente une écriture, ou une phrase, composées d'idéogrammes. Hiroshi Doï, quant à lui, nous avait enseigné que le troisième symbole du Reiki contient les deux premiers. Quand au quatrième et dernier, il apparaît dans certaines prières, ou bien il est dessiné sur une amulette que porte à son cœur Fudo Myo, une déité protectrice du bouddhisme tantrique japonais [1]. Il incorpore, intègre, transcende et représente tous les autres symboles du Reiki. Hiroshi Doï nous a dit que seul le responsable et président de l'association fait usage de celui-ci. Les leurs seraient aussi légèrement différents de ceux que nous avons reçus de Mme Takata. Mais il semblerait qu'actuellement, l'association japonaise n'utilise presque plus, ou même pas du tout, de symboles. Cependant, dans notre contexte occidental de la pratique et de l'enseignement, ces symboles sont très importants et représentent un pilier au sein de la transmission du Reiki. Hiroshi Doï enseignait que les symboles étaient des « outils » dont on devait se détacher progressivement jusqu'au point de les intégrer complètement, et de ne plus en avoir besoin. Rappelons que ce n'est pas le symbole en soit qui est important, ni simplement sa forme extérieure, mais l'énergie à laquelle il nous connecte et le niveau de conscience auquel il nous relie. Une fois ce niveau de conscience atteint, nous n'avons plus besoin d'y recourir.

Pour clarifier encore un point important, la majorité des élèves d'Usui n'ont pas reçu de symboles *écrits*, mais ce que les Japonais appellent des *kotodama*, c'est-à-dire des sons sacrés. Ceux-ci ne sont pas visualisés, mais chantés et vibrés d'une certaine façon. Il semblerait que ce soit le docteur Hayashi qui ait reçu d'Usui des formes visuelles en plus des

---

1. Dans la tradition du bouddhisme ésotérique japonais, et celle du Reiki qui lui est étroitement liée, Fudo Myo (l'inébranlable, l'immuable) est le messager du Bouddha. Il est le gardien de l'enseignement spirituel, le *Dharma*. Il tient une épée dans la main droite, symbole de vérité et de sagesse, et un lasso dans la main gauche, symbole de justice. Fudo Myo a une apparence féroce dans le but de subjuguer les démons et de détruire les négativités, ainsi que toutes les émotions perturbatrices. Il sauve les personnes d'elles-mêmes en détruisant l'ignorance et en établissant la vérité. Il a un aspect menaçant, mais seulement aux yeux des êtres ordinaires. À tous ceux qui dépassent ou transcendent leurs peurs et qui ont le cœur pur, il offre la protection et la lumière spirituelle.

mantra, afin de l'aider à mieux sentir l'énergie. Certains pensent qu'étant médecin et cartésien, c'était peut-être une façon plus « scientifique » de lui expliquer le fonctionnement caché et spirituel du Reiki. Ces symboles sont donc apparus tardivement dans le système d'Usui. Ayant néanmoins été transmis par Usui à quelques-uns de ses élèves, ils ont dès lors une certaine valeur et nous permettent d'approfondir notre connaissance du Reiki, comme ce fut mon cas durant toutes ces dernières années.

QUESTION 6 : Enseignez-vous le « symbole du cœur » dans vos stages de Reiki ?

RÉPONSE : Absolument pas ! Ce que vous appelez le *symbole du cœur* n'est pas un symbole traditionnel du Reiki, et je le répète, pas plus que ceux du « Karuna », du « Tera-Maï », du « Seichem », ou de tous les développements ultérieurs du Reiki. Certains prétendent qu'il en est un car, contrairement à tous les nombreux symboles en vogue actuellement, celui-ci est proposé dans une écriture japonaise. Mais ce soi-disant symbole, que l'on prononce « shi ka sei ki », ne veut rien dire, et il a fait rire beaucoup de mes amis japonais ! Il est constitué de deux idéogrammes que l'on ne peut concilier, dont le sens ne serait pas correct. Le premier idéogramme signifie « diriger », « administrer », « commander » *(shi)*, et le second, « force » ou « puissance (de l'esprit) » *(ryoku, chikara)*. On pourrait de la sorte supposer que ce symbole sert à « diriger la force (du Reiki) ». Seulement voilà, en japonais, le premier terme ne s'emploie que dans un contexte bien spécifique : celui de *diriger une entreprise* ou *commander du personnel* ! Quant à l'associer avec le mot *force*, dans ce contexte précis, cela n'a bien sûr aucun sens. À mon avis, ce symbole doit sortir directement de l'élucubration d'une personne qui ne s'est pas demandé s'il était approprié de rassembler ces deux idéogrammes. Quant à le considérer comme un symbole sacré et inspiré !… Je ressens que chacun expérimentera de ce symbole ce qu'il veut bien y percevoir lui-même. Pour conclure : ce symbole n'est pas connu des maîtres Reiki japonais. Je pense que l'on peut leur faire confiance, car ils sont actuellement les détenteurs véritables de l'enseignement originel d'Usui. Pour ma part, je vous dissuade de pratiquer et de mélanger d'autres symboles au système originel du Reiki. C'est ce que conseillait également Hiroshi Doï, sans jamais empêcher pour autant qui que ce soit d'assumer ses choix personnels.

Dans un petit texte écrit par mon confrère Pierre Vergeot, il est mentionné ceci : « Plus notre pratique est proche de ce qu'enseignait Mikao Usui, plus nous sommes, en quelque sorte, dans la fréquence optimale du Reiki, et que toute déformation ou rajout qui n'est pas dans ce même esprit (autres symboles, par exemple) ne fait que nous en éloigner… Les changements apportés aux procédés d'initiation *(reiju)* en modifient l'effet et l'efficacité [1]. »

QUESTION 7 : Les symboles de l'association d'Usui au Japon (Usui Gakkaï) sont-ils différents de ceux que nous pratiquons en Occident ?

RÉPONSE : Hiroshi Doï ne nous a pas autorisé à voir les symboles pratiqués au sein de l'association japonaise, simplement parce que nous n'en sommes pas membres. Cependant, il nous a précisé que leurs symboles et les nôtres diffèrent en des points très mineurs. Il nous a néanmoins montré quelques détails concernant ces différences et il a fait un ou deux commentaires sur l'origine de ces symboles. Cela n'a fait que confirmer les recherches que nous menons durant ces dernières années concernant la source des symboles du Reiki. Hiroshi Doï et l'un des organisateurs

1. *Le Reiki ENTRE-NOUS*, n° 23, p. 12. Diffusion : Richard Trotta, 34, rue de la Porte de Bourgogne, 08000 Charleville-Mézières.

avaient demandé que chacun des participants dessine ses symboles sur une feuille de papier, afin que tout le monde puisse aller les consulter. M. Doï les a examinés longuement, puis il a dessiné un signe ressemblant étrangement à notre premier symbole, avec une petite mention inscrite en dessous : *« beyond space and time »* (« au-delà de l'espace et du temps »)… À chacun de comprendre. Il nous a donné d'autres informations que je ne peux transmettre ici mais que je partage dans mes stages de deuxième degré.

Je connais également les symboles de certains maîtres japonais, notamment ceux de sensei Tatsumi et ceux de la lignée du *Reiki Jin Kei Do*, à laquelle j'ai été initié il y a quelques années, et là encore, il y a certaines différences secondaires. Les *mantra* sont en revanche tout à fait identiques quelles que soient les lignées de transmission. Mais ce qui est nouveau pour nous maintenant, c'est de savoir que ces *mantra/kotodama* sont répétés d'une certaine façon. Cela fait partie de l'enseignement originel.

Attitude intérieure et pratique des symboles/*kotodama* du Reiki

QUESTION 8 : Quelle est alors l'attitude intérieure à conserver et le sens juste à donner à la pratique du Reiki, des symboles et des *kotodama*, pour ceux qui les connaissent ?

RÉPONSE : Plus j'évolue dans ma pratique et ma compréhension du Reiki, plus je ressens à quel point il n'y a, en réalité, rien à chercher, rien à créer, rien à désirer ni rien à obtenir. Le plus grand secret du Reiki consiste simplement à « maintenir son être dans l'Être ». C'est le but caché du Reiki, qui n'a pour autre objectif que de nous ramener dans cette pure « Présence ». La question est de savoir en pratiquant si l'on se relie à la partie en souffrance (d'une personne, d'une situation, d'un lieu, d'un événement, passé ou futur, etc.) ou si, grâce au Reiki, l'on entre en résonance avec la dimension divine et ultimement parfaite, de cette personne, de cette situation ou de ce lieu… C'est ici que les *kotodama*, ou encore les symboles, prennent tout leur sens et que l'on réalise, par l'expérience, la profondeur de leur fonction : celle de nous amener à une qualité de « pure perception ».

La pure perception est le point de vue extraordinaire du *Véhicule de Diamant*. Elle consiste à reconnaître la nature de Bouddha qui réside dans tous les êtres et à percevoir la perfection et la pureté originelle dans tous les phénomènes [1].

Les symboles d'Usui ont pour objectif de nous rappeler cette évidence oubliée. Ils sont comme des fenêtres sur l'Absolu, celui de notre vraie nature. On a tendance à le perdre de vue en pratiquant, ne percevant à tort que les patients dans leur souffrance, les situations de vie dans leur limitation, ou encore, l'enfant intérieur avec ses nombreux traumatismes du passé. Le point le plus important est donc de ne plus voir la personne, le problème, la situation ou l'événement douloureux d'*hier* (lors d'un soin Reiki sur le passé), mais de bien garder à l'esprit, à la lumière des trois symboles d'Usui, la dimension de plénitude et accomplie de tout être et de toute chose. Et c'est cela qui, fondamentalement, guérit.

Selon La Voie Infinie, tout l'art de la guérison spirituelle réside dans le fait d'*oublier* à la fois le patient et son problème. Ensuite, il convient de se tourner vers le dedans de soi-même, afin d'y contacter la Présence Divine, cette grâce omnipotente de Dieu qui nous suffit en toute chose.

Il se produira ce qu'on appelle une « guérison spirituelle ». Mais en apparence seulement. En réalité, il ne se passe rien, puisqu'il n'y a rien à

1. Dilgo Khyentsé Rinpoché *in* Matthieu Ricard, *L'Esprit du Tibet*, Éditions du Seuil, 1996.

guérir. Aux yeux de Dieu, comme à ceux de tous les grands Illuminés, le monde est parfait tel qu'il est. Il n'y a donc rien à y changer.

Lina Cristi [1]

Durant une telle pratique, on ne perçoit plus une *problématique* spécifique, mais on garde à l'esprit l'image – on pourrait dire l'*icône* – du symbole, ou la vibration du *mantra*, manifestations de la vérité absolue. On ne voit plus la personne *malade*, mais là encore, uniquement la vision intérieure du symbole, reflet de la perfection originelle. Lors d'un soin à distance, par exemple, on envoie du Reiki non à l'être en souffrance (soi-même ou autrui), mais à son essence la plus secrète, la dimension de totalité. C'est celle-ci qui va prendre soin et guérir l'aspect de soi qui, sur le plan relatif, dans sa nature duelle et fragmentée, expérimente la douleur, la peine et la confusion. On ne se relie plus simplement à l'enfant intérieur avec ses souffrances du passé, mais à l'enfant Bouddha *en soi* que l'on a toujours été.

Cela me fait penser à un vieux *koan* de la tradition zen, qui demandait quel était notre visage avant la naissance de nos grands-parents, afin de se rappeler « qui » l'on est ? Quel est donc le *visage de notre vraie nature*, avant même la naissance de nos problèmes, de notre souffrance et de notre frustration ? N'est-ce donc pas ce « visage d'éternité » que le Reiki nous demande de retrouver, plutôt que de traiter le masque de souffrance que nous portons maintenant ? Si je reprends contact avec le *Bouddha* de mon propre esprit, c'est-à-dire la dimension éveillée de ma nature profonde, je réalise du même coup qu'il était déjà là, dans les souffrances de mon enfance, et qu'il sera toujours là, à l'instant même de ma mort… Cette rencontre est source de libération.

---

1. *L'Originel*, n° 6, juillet 1996, Charles Antoni/L'Originel, 25, rue Saulnier, 75009 Paris.

Le point en pratiquant est donc de s'immerger dans l'espace de silence et de présence qu'offre les symboles/ *kotodama* du Reiki. Les faire unir à son esprit, ou se fondre en eux, les devenir totalement et s'oublier soi-même complètement. Faire *un* avec chacun d'eux. Je dis « faire », mais vous comprenez, bien sûr, qu'il n'y a justement rien à *faire*, mais seulement *être* et se laisser porter par leur énergie. Cela ne s'apprend pas. Cela se découvre et se vit. Il n'y a, en effet, rien à provoquer. Juste à se tenir prêt, en éveil.

J'ai un conseil du cœur à vous proposer : lorsque vous pratiquez le Reiki, ne voyez pas la personne en souffrance en premier, mais rencontrez sa part de lumière et de perfection que représente le troisième symbole. Entrez en contact avec l'énergie d'amour, de compassion et de bonté universelle, et donnez lui celle-ci, ainsi que la liberté du cœur et l'apaisement de l'esprit, à travers le second symbole ; offrez à cette personne la force nécessaire à sa métamorphose, ou simplement, dans un premier temps, l'énergie dont elle a besoin pour faire face à sa souffrance, enlever ses résistances, en vue de l'accepter, de la dépasser et de la transformer véritablement. C'est l'œuvre du premier symbole.

Le Reiki est en cela une voie profonde afin de réintégrer la condition naturelle, l'état originel. Ses initiations sacrées sont une invitation à demeurer, à être, pleinement *là*, dans le silence et la pure présence.

Les symboles nous aident à nous rappeler ce que, pour diverses raisons, nous avons choisi d'oublier.

Don Alexander

Participation de la personne à son propre processus de guérison

QUESTION 9 : Dans ce contexte, quelle est la participation de la personne soignée dans son propre processus de guérison ?

RÉPONSE : La pratique ultime de guérison, selon notre discipline, c'est de nous révéler l'espace d'unité qui existe entre celui qui pratique et la personne soignée. Souvenons-nous que « dans le plus haut royaume de l'Essence Vraie, il n'y a ni *autre* ni *soi* ». D'après Don Alexander la question fondamentale à se poser est de se demander « qui » offre du Reiki à « qui » ? Pour illustrer cela, il nous racontait l'histoire d'un homme se trouvant dans une salle d'attente qui disposait d'un poste de télévision dans l'angle de la pièce. Sur l'écran était projetée l'image d'un poisson qui nageait tranquillement dans les profondeurs de l'océan. De temps à autre, il remuait une nageoire, puis la queue, et lâchait une bulle de-ci, de-là. Il remontait à la surface puis redescendait aussitôt. L'homme s'aperçut que dans le deuxième angle de la pièce, il y avait un autre écran de télévision, avec également un poisson filmé. Celui-ci nageait tout aussi paisiblement, lâchant à son tour une série de bulles, et remuant de temps à autre ses nageoires. Ce qui intrigua l'homme, c'est qu'à chaque fois que l'un des poissons remuait la queue, l'autre poisson faisait de même. Si l'un des poissons laissait échapper une bulle, l'autre poisson, au même instant, faisait sortir une bulle d'air de sa bouche. Enfin, si l'un des poissons remuait ses nageoires, l'autre faisait de même également, et cela dans la plus parfaite des synchronicités. Comment cela est-il possible, se demanda l'homme. S'agit-il d'une espèce particulière ? Les poissons seraient-ils télépathes ? Possèdent-ils des dons paranormaux ? Sont-ils jumeaux ? Ce que cet homme ne savait pas, c'est que de l'autre coté de la pièce, il y avait un aquarium, avec un gros poisson à l'intérieur, et deux caméras filmant le poisson selon des angles différents. En réalité, il n'y a jamais eu *deux* poissons, mais seulement deux *télévisions* !

Comprenez aussi que dans cet état de grâce où nous emmène le Reiki, il n'y a jamais eu, dès le départ, *deux personnes*, mais un seul être, guéri dans sa nature la plus profonde. Il n'y a qu'un seul mouvement, celui de l'Énergie, ou de la Vie. Un simple mouvement, infini et continu. Pas un mouvement d'une personne à une autre, ni celui d'un « soignant » à une « personne soignée ». Juste un mouvement illimité où chacun se révèle être la plus belle réflexion de l'autre. Si l'on rentre profondément dans chacun des symboles d'Usui, on réalise peu à peu cela. C'est, disons, ma compréhension holographique du Reiki tel que Don me l'a enseigné. Dans ce contexte, je tiens à rappeler qu'il n'y a pas de protection à rechercher ni personne à protéger. Il y a seulement une énergie à partager…

> Plutôt que d'essayer de nous débarrasser de quelque chose ou de verser dans le sentiment dualiste d'être attaqués, nous saisissons l'occasion de voir comment nous nous refermons complètement quand on nous pousse dans nos retranchements. C'est ainsi que nous ouvrons notre cœur. C'est ainsi que nous éveillons notre intelligence et que nous entrons en relation avec la nature-de-bouddha fondamentale.
>
> Péma Chödrön [1]

Tout cela peut sembler très philosophique, mais c'est pour en venir au point où l'on réalise que le thérapeute externe devient en fait le miroir du thérapeute interne, celui de la personne traitée, et que dans cette apparente dualité, il n'y a en fait pas de séparation. Tout n'est qu'*illusion*, enseigne la

1. *Quand tout s'effondre*, La Table ronde, 1999.

doctrine bouddhiste. Mais je crains que cela soit mal compris. Nous ne devrions pas le formuler ainsi, parce que l'on pourrait croire que rien n'existe ! Nous devrions plutôt affirmer que tout n'est qu'*apparence*, comprenant ainsi que ce que l'on perçoit pour vrai n'est pas la vérité ultime. Nous voyons deux poissons, ou deux êtres, là où il n'y en a toujours eu qu'un seul ! Cela est similaire à des cruches, vides, contenant simplement de l'espace. L'espace à l'intérieur des cruches est le même espace qui se trouve à l'extérieur, mais ce dernier est bien plus vaste. Il faut en arriver à casser la cruche, cette séparation illusoire, pour le comprendre et le réaliser. Peut-être qu'un bouddha, un être totalement éveillé, voit face à lui d'innombrables cruches, qui se sentent mal à l'aise et un peu à l'étroit dans l'espace qu'elles contiennent, tandis que l'univers qui se trouve à l'extérieur, et dont il fait constamment l'expérience, est si étendu. S'élève alors de lui une immense compassion *(mahakaruna)* face à tant de malentendus, de mauvaises compréhensions et d'apparences illusoires…

Les situations, miroirs de ce que l'on est

QUESTION 10 : S'il n'y a pas de séparation entre soi et la situation, on ne pratique donc pas pour un problème spécifique, extérieur à soi, en vue de le transformer. Mais dans ce cas, sur quoi pratiquons-nous ?

RÉPONSE : Effectivement, de ce point de vue-là, on ne pratique pas pour changer, ou fuir la situation, mais plutôt pour la « rencontrer », y faire face, car celle-ci n'est qu'un miroir, ou un aspect de soi sur lequel on va travailler. C'est sur la situation *à l'intérieur de soi* que s'effectue le vrai travail. Plus que de se lier à un problème spécifique, on se met en harmonie intérieurement, on se relie, on s'aligne avec l'univers, et c'est cela qui « guérit » en fin de compte, dans le sens le plus profond, le plus noble et le plus juste qui soit. Cela me rappelle l'histoire d'un yogi qui avait été sollicité par les villageois d'une région de l'Inde afin de faire pleuvoir, car il régnait sur cette contrée une sécheresse depuis plusieurs mois. S'il ne pleuvait pas rapidement, cela entraînerait une famine inévitable pour tous les habitants. Ce yogi, un peu chaman, un peu faiseurs de pluies, était renommé pour ses grands pouvoirs, ainsi fit-on appel à lui. Il insista pour qu'on le laissât seul dans une petite hutte, planté au milieu d'un champ, sans être dérangé en aucun cas durant une semaine entière. Puis, au bout de sept jours, on le vit enfin sortir. À peine eut-il franchit le seuil de la porte que les nuages s'amoncelèrent, que le tonnerre gronda et que la pluie se mit à tomber ! Tout le monde s'enquit alors de savoir ce qu'il avait bien pu faire… Il rétorqua qu'il n'avait justement *rien fait*. Il expliqua cependant qu'il considérait l'environnement extérieur comme un miroir de ce qu'il était. « Il n'y a pas de séparation, pas de dualité », enseignait-il. Si le monde n'est pas en paix, c'est que je ne le suis pas moi-même. Si l'univers et les éléments qui le composent sont en déséquilibre, c'est qu'il en est de même à l'intérieur de moi. Ainsi, je n'ai rien fait de spécial pour qu'il *tombe de la pluie*. J'ai simplement rétabli la paix et l'harmonie *en mon esprit*. Et cela m'a pris une semaine entière pour le réaliser, tant l'agitation qui l'animait était grande.

Durant une retraite, je me souviens que Sogyal Rinpoché nous avait demandé d'accomplir une certaine pratique afin d'écarter les obstacles et de purifier les négativités [1], ce que

1. « De la compassion de Padmasambhava apparaît un feu de sagesse qui brûle la négativité en la consumant intégralement. Toute la négativité a été brûlée en vacuité, l'état primordial de pureté qui n'a jamais été corrompu par aucune notion de pureté ou d'impureté… » (Sogyal Rinpoché).

l'on appelle les *inauspicieuses coïncidences*, ou les interdépendances défavorables que l'on est parfois amené à rencontrer sur un chemin spirituel. Pour cela, à un moment donné de la pratique, on doit s'identifier et réaliser l'union avec la forme symbolique d'un bouddha personnifiant la dimension éveillée fondamentale, accomplie et pleine de puissance. J'ai réalisé alors que certains problèmes disparaissaient non parce que l'on agissait sur eux de l'extérieur, comme avec un rituel de « magie », mais plutôt parce que l'on se révélait soi-même dans la dimension de sa vraie nature, libre de toutes limitations. C'est cela le principe ultime des pratiques spirituelles : on développe une confiance absolu en soi, en sa vraie nature... Et c'est ce qui transforme l'univers, à commencer par soi-même !

QUESTION 11 : Je pratique régulièrement sur une situation de ma vie, mais je n'observe aucun changement réel, à moins que cela ne corresponde pas à mon attente...

RÉPONSE : Je réalise de plus en plus combien le Reiki est une « pratique spirituelle », plus qu'une méthode de soin ou un moyen de changer les situations de son existence. Les symboles m'enseignent cela. Il faut vraiment pratiquer dans l'esprit du « non-attachement », *sans but, ni esprit de profit*, comme l'enseigne le zen. Par ailleurs, il nous faut bien sûr pratiquer, nous n'avons pas le choix, mais il faut aussi posséder la motivation juste, l'intention pure. On pratique non sur une situation extérieure à soi, mais dans le but de s'aligner afin de rentrer en résonance avec l'univers, pour trouver la paix du cœur et la confiance, quel que que soit le dénouement de la situation. Un des symboles utilisés dans le Reiki représente notre dimension de perfection et notre nature véritable. Le fait de pratiquer sur une situation est en fait davantage un moyen de rentrer à l'intérieur de soi, afin de réaliser sa vraie nature. Ce que je fais parfois, c'est que je ne pense même plus à la situation en tant que telle. J'en oublie presque le problème de départ. Je visualise simplement le symbole, ou je répète le *mantra* intérieurement, dans mon cœur et je me détends au maximum. À mon sens, c'est cela la pratique juste. Je deviens le symbole ou le *mantra*, je m'unis à lui, car au-delà de la séparation, il représente ma nature profonde. Il s'agit davantage d'une pratique de méditation qu'une technique à appliquer. C'est dans ce sens qu'il vous faudrait pratiquer. Le Reiki est simplement une façon de trouver le contentement, le bonheur, la paix et l'harmonie dans son cœur…

L'infini pouvoir de guérison contenu en chacun

QUESTION 12 : S'il en est ainsi, pourquoi n'y a-t-il pas de guérison instantanée quand on pratique le Reiki, dans la mesure où celui-ci ne fait que révéler la santé originelle que nous ne sommes pas encore en mesure de reconnaître ?

RÉPONSE : Le problème ne vient pas du Reiki, mais de nous-mêmes, de notre conditionnement et de notre capacité à lâcher nos résistances. Don enseignait que la maladie était simplement l'expression d'une « résistance à la vie ». À quel aspect de ma vie suis-je en train de résister en ce moment ? Mais la vérité, disait-il, c'est que nous sommes des *êtres de lumière*, guéris en essence. Maintenant, sommes-nous capables de le percevoir ? Sachez aussi qu'aucun bouddha n'a la capacité d'illuminer le monde ni les êtres qui l'entourent, hélas !

Le Reiki nous aide à relâcher toutes nos résistances mais d'une façon appropriée, à la mesure de chacun. Ça ne serait pas vraiment confortable pour une personne de guérir trop « rapidement » si elle n'est pas prête pour cela, ou si elle n'a pas fait un certain chemin dans ce sens. Quelques-uns d'entre nous ont besoin de plus de temps et d'avoir certaines prises de conscience. Il faut le respecter. Le Reiki apportera toujours ce que la personne aura besoin, mais pas forcément ce qu'elle demande ou attend. Don enseignait aussi qu'il fallait apprendre à bien regarder, car au cœur de notre plus grande peur, il y avait la porte d'entrée de notre plus grande joie. Ainsi, au cœur de notre plus grande souffrance, il y a sûrement la porte d'entrée de notre liberté.

J'ai déjà expliqué, dans mes ouvrages précédents, que chaque pratique du Reiki allait comme asperger et faire croître les germes de guérison et d'éveil que nous portons au plus profond de nous-mêmes. Bien que nous jouissions tous d'une perfection naturelle, il est parfois long de se défaire de ses voiles d'ignorance sur le plan de sa condition ordinaire. Le Reiki reste cependant un moyen authentique pour permettre à la santé primordiale de l'être de s'élever et de rayonner pleinement, pour peu que nous lui accordions la juste attention. Dans cette apparente dualité, le Reiki devient le reflet extérieur de cet infini pouvoir de guérison contenu en chacun. Le Reiki est un chemin de vie.

La souffrance et sa non-existence sur le plan absolu

QUESTION 13 : Quelle est le sens de la vacuité que vous donnez à votre enseignement et dont vous faites parfois allusion lors du second degré, en relation avec l'un des trois symboles ? Cela semble nous donner une perspective nouvelle dans la compréhension de la souffrance et sa non-existence sur un plan absolu.

RÉPONSE : Cela est en relation avec un enseignement bouddhiste très profond qui est un texte de référence du bouddhisme mahayana, ou « grand véhicule ». Il s'agit du *Mahaprajñaparamita hridaya sutra*, ou « sutra du cœur de la connaissance transcendante ». Tous les ouvrages traitant du bouddhisme, japonais et tibétain principalement y font allusion. Mais si vous le voulez bien, restons en simplement à un niveau intellectuel. Ce texte, cette déclaration pourrait-on dire, expose la vue juste et ultime, celle que nous réalisons quand notre esprit devient éveillé et que nous voyons les choses dans une parfaite lucidité. C'est pourquoi elle est appelée dans ce texte la « connaissance transcendante ». Transcendante, parce qu'elle dépasse justement toutes les vues limitées, relatives et conditionnées qui sont les nôtres aujourd'hui. On l'appelle aussi la « Mère des vainqueurs des trois temps », parce qu'elle est la source de la connaissance et l'expérience réelle de tous les bouddhas du passé, du présent et du futur. Quelle est donc cette déclaration ? Eh bien, il y est dit de considérer que tous les phénomènes existants, les êtres compris, ont pour nature la vacuité : « La forme est vacuité, et la vacuité elle-même est forme. La vacuité n'est autre que la forme et la forme n'est autre que la vacuité. De la même façon, sensation, perception, concept et conscience sont vacuité. » Au sein de cette vérité ultime, il n'y a, comme le dit ce texte, ni impureté ni absence d'impureté. « Il n'y a pas de souffrance, pas d'origine de la souffrance, pas de cessation de la souffrance, pas de sentier, pas de sagesse, etc. » Les maîtres de cette tradition expliquent que les phénomènes de l'existence sont *vacuité* par nature, bien qu'ils apparaissent. Et bien qu'ils apparaissent, ils n'ont pas de réalité permanente. Ils sont visibles et vides à la fois. Le vénérable Thich Nhat Hanh compare cela à la vague et l'eau [1]. La vague possède en essence la nature de l'eau, qui représente sa qualité ultime. Bien qu'une vague apparaisse, elle est simplement une manifestation provisoire de l'océan. Il en est ainsi de tout ce qui apparaît. Le sens de l'*apparition* ne contredit pas

1. « La forme est la vague et le vide est l'eau » ; « Vide ne veut pas dire non existant », etc., in Thich Nhat Hanh, *Le Cœur de la compréhension*, Village des Pruniers, Meyrac, Loubès-Bernac, 47120 Duras.

celui de la *vacuité* pour autant. C'est une apparence, mais vide. Il faut comprendre simplement qu'une chose n'apparaît pas d'elle-même, ni produite par elle-même. Il y a derrière chaque apparition tout un schéma d'interdépendance à l'origine de son existence. Cela donne, en quelque sorte, un espoir de transformation et nous invite à moins saisir notre souffrance comme étant réelle, définitive et permanente, puisqu'elle est vacuité par nature. Quand la maladie est perçue comme « énergie », il y a alors une possibilité de libération, de la même façon que la vague retourne à l'océan d'où elle a émergé. Dans le *Dhamapada*, on trouve également cette citation du Bouddha : « Lorsque, par la sagesse, vous comprendrez que tous les phénomènes sont dénués de "soi", la souffrance ne vous affectera plus. Telle est la voie parfaite [1]. » Dans l'enseignement bouddhiste, on trouve trois notions fondamentales telles que l'impermanence, l'interdépendance, et l'absence de soi (ou vacuité).

Les symboles du Reiki, d'une façon similaire, nous aident à rentrer progressivement dans cette compréhension, et à relâcher ainsi la « saisie » excessive et la « fixation » que l'on porte au monde. Cela donne une ouverture et une plus grande liberté. Le texte de la *Mahaprajñaparamita* conclut ensuite : « En conséquence, puisque les bodhisattva n'ont rien à atteindre, ils se laissent porter par la connaissance transcendante *(Prajñaparamita)*. Puisqu'il n'y a pas d'obscurité de l'esprit, ils n'éprouvent pas de crainte. Ils transcendent les vues fausses et passent dans l'au-delà de la souffrance… » Cela est très beau et inspirant, n'est-ce pas ?! « Quoi qu'il surgisse en vertu des liens interdépendants, il n'y a ni cessation, ni création, ni destruction, ni permanence, ni allées, ni venues… »

---

1. Tulku Thondup, *op. cit.*, p. 268.

Je tiens à ajouter que tant que cette vue n'est pas atteinte et pleinement réalisée, il nous faut purifier nos actes négatifs, « nous débarrasser complètement de la gangue de nos souillures émotionnelles karmiques », accumuler un mérite positif, discipliner notre esprit, méditer sur le sens profond de cette Connaissance transcendante, et nous libérer du samsâra... tel est aussi le projet initial du Reiki.

La position du patient et celle du thérapeute

QUESTION 14 : En tant que patient maintenant, comment se comporter vis-à-vis de la souffrance ? Comment gérer les situations déplaisantes et inconfortables de notre vie quotidienne ?

RÉPONSE : En y faisant face, et en les rencontrant ! C'est, paradoxalement, la meilleure façon d'intégrer ce qui se passe dans notre vie. Il n'y a fondamentalement pas d'échec, ni victime, ni bourreau. La prise de conscience serait de comprendre ce qu'enseigne telle souffrance ou telle expérience. J'aime beaucoup ce que disait Krishnamurti, notamment : « Quand vous regardez cet arbre vous l'approchez, vous en regardez tous les détails, vous prenez votre temps. Vous regardez, regardez, regardez et il vous révèle toute sa beauté. Vous ne racontez pas votre histoire à l'arbre, c'est lui qui vous parle, si vous l'observez. De la même façon, si vous vous approchez de la souffrance, prenez-la, regardez-la, ne la fuyez pas, voyez ce qu'elle essaie de vous révéler, sa profondeur, sa beauté, son immensité, alors si vous restez entièrement avec elle, avec ce seul mouvement, la souffrance cesse (...). Car vous êtes elle, vous êtes tout cela et par conséquent vous ne pouvez pas vous échapper de vous-même. Vous la regardez et il n'y a pas de division entre l'observateur et l'observé, vous êtes cela et il n'y a pas de division [1]. » La deuxième façon serait de pratiquer les soins Reiki ! Continuer, sans abandonner. Garder confiance dans votre nature profonde, votre nature de clarté et de sagesse, votre nature réelle de guérison. Garder à l'esprit que tout est temporaire, impermanent. Et comme disent les lamas tibétains, quels que soient vos problèmes, rien ne peut affecter la *nature immuable de l'esprit*. La souffrance a un certain niveau de réalité, puisqu'elle apparaît. Cependant, cela n'apparaît pas de façon ultime et définitive. Il faut garder cela à l'esprit et le réaliser peu à peu. C'est ce qu'un praticien du Reiki devrait inspirer à ses patients. Si vous êtes second degré, entrez dans la dimension du symbole, posez votre esprit dessus, méditez. Le méditant ne devrait pas rester séparé du processus de la méditation. *Devenez* le symbole. Ressentez son existence, sa présence, son énergie. Ressentez cette fierté d'*être* le symbole, de faire un avec lui. Si on se visualise sous la forme du symbole, où *est* alors la maladie ?

Lorsque l'on traverse une souffrance ou une expérience difficile, il y a une propension spontanée à revenir en soi-même, à rester un tant soit peu isolé et parfois coupé du reste du monde. C'est une période naturelle de « retraite » en quelque sorte, et une opportunité de sortir grandi de cette épreuve. C'est une phase de la thérapie très importante qu'il nous faudrait reconnaître et respecter.

Lorsque nous nous sentons tristes ou blessés, nous avons une tendance naturelle à nous refermer et à demeurer seuls. Ceci indique la source intérieure de la guérison potentielle. Lorsque vous êtes assis profondément, la confusion et la tension se dénouent. Trouvez le « point de douceur » au cœur de votre blessure, et demeurez-y. Être blessé est

---

1. Krishnamurti, *La Flamme de l'attention*, Éditions du Rocher, 1987, p. 57.

une occasion merveilleuse pour changer. Plutôt que de résister au changement, ouvrez-vous et tirez-en profit.

Sogyal Rinpoché [1]

QUESTION 15 : Quelle est la définition d'un thérapeute dans le contexte du Reiki ?

RÉPONSE : Le rôle du thérapeute est d'aider une personne à reconnaître ce qui se passe en elle tout en l'accompagnant sur le chemin de la transformation/libération, c'est-à-dire de l'acceptation et du lâcher-prise. Il aide ainsi le patient à prendre conscience, à autoriser et à permettre aux différentes émotions refoulées, par exemple, de se libérer au sein d'un espace suffisamment ouvert pour qu'il puisse intégrer ce processus parfois douloureux.

QUESTION 16 : Pouvez-vous approfondir cet aspect du thérapeute ?

RÉPONSE : Le thérapeute doit aider et accompagner ceux qui viennent le voir à identifier, c'est-à-dire à rencontrer sans fuite, ce qui est en souffrance en chacun d'eux. Il est là pour aider une personne à se rencontrer, à se reconnaître, à s'ouvrir et à « rentrer en amitié » avec elle-même. C'est une première étape importante. En cela, l'approche du Reiki est tout à fait similaire et complémentaire au processus vécu dans la méditation. Quelle que que soit la souffrance, le Reiki aide quiconque à se donner de l'espace afin d'accueillir ce qui est blessé, d'en prendre soin avec bienveillance, tendresse et amour-compassion véritable. Il n'y a pas de violence dans cette démarche car on ne lutte pas contre le mal ou un aspect de soi-même. Au contraire, on reste présent à soi-même, dans une attitude de vigilance intérieure et de disponibilité, permettant et autorisant ce qui est blessé d'émerger et de se libérer.

---

1. Enseignements/centre de retraite de Lérab Ling, été 1997.

Un thérapeute doit donc posséder certaines qualités, comme celle d'ouvrir son cœur à tout l'amour tendresse qu'il contient, et maintenir une qualité d'attention et de « présence » à lui-même ainsi qu'à la personne soignée. Il doit être un exemple, voire une inspiration, pour les personnes soignées qu'il rencontre.

QUESTION 17 : Comment le thérapeute doit-il se comporter vis-à-vis de certaines sensations, émotions ou expériences, parfois désagréables, que nous sommes amenés à ressentir occasionnellement pendant un soin, en relation avec la personne soignée ?

RÉPONSE : Face à de telles sensations, il faut les observer objectivement, leur donner de l'espace, où elles pourront être vues, reconnues, puis abandonnées. Comprenons bien qu'il n'y a aucune expérience sans le *contexte* dans lequel elle se produit ni sans la personne qui la vit, et que chaque expérience nous renvoie en fin de compte à nous-mêmes. De plus, une expérience ne se manifeste pas toute seule, d'elle-même. Il y a un environnement, un milieu particulier, dans laquelle elle apparaît ; un schéma d'interdépendance, en quelque sorte. C'est tout cet ensemble qui doit être perçu, et pas seulement l'événement prit séparément. C'est pourquoi, beaucoup ne parlent que de l'*expérience* comme séparée d'eux-mêmes tout en faisant des omissions quant au contexte de son apparition, alors que chacun peut devenir le miroir de l'autre personne ou a quelque chose à apprendre et à offrir. Cela fait certainement écho à l'histoire de la personne favorisant une expérience spécifique.

Le point, maintenant, c'est de ne pas se fixer sur l'expérience, de ne pas accorder trop d'importance à celle-ci, mais de savoir rester centré et d'observer son esprit (ayant telle ou telle expérience). Ce n'est pas le contenu de l'expérience en soi qui est le point essentiel, mais comment nous y réagissons et ce que nous en faisons. Il s'agit également de prendre conscience qu'une expérience est en rapport avec celui qui la vit. Je me souviens d'un texte de la tradition du dzogchen où il était dit de laisser simplement toutes les choses telles qu'elles sont, quoi qu'il s'élève de bon ou de mauvais. L'essentiel est de demeurer stable, aussi stable que possible [1]. Il faut revenir sans cesse à cette nature du miroir à laquelle je fais si souvent allusion, et garder l'esprit clair. Il ne faut pas se perdre *dans* l'expérience et la saisie dualiste. Comme le souligne Sogyal Rinpoché, ce n'est pas ce qui s'élève qui est un problème, mais « celui qui saisit ».

On ne devrait pas prendre les choses trop personnellement. Le miroir à l'intérieur de soi ne juge pas, ne prend pas partie, ne fait pas de discrimination entre une expérience et une autre. Cependant, il voit tout de façon claire et pénétrante avec la « sagesse du discernement ». Bien sûr, cela est à relier avec la vision profonde qu'apporte la méditation. La pratique sert justement à devenir conscient de choses dont on n'avait pas conscience auparavant. Il y a une façon de se comporter face à ce qui s'élève, c'est de devenir « ouvert et spacieux », comme l'enseigne Sogyal Rinpoché. Vous pouvez ainsi laisser s'exprimer pleinement l'expérience sans la poursuivre pour autant. Vous pouvez la voir apparaître, demeurer et ensuite disparaître, avec une grande légèreté, sans jugement ni attachement.

> Pendant cette méditation, on éprouve parfois des sentiments douloureux qui surviennent en vagues. Mais en laissant venir, sans vouloir s'en emparer, il est possible de les apaiser.
>
> Tulku Thondup [2]

QUESTION 18 : Une personne a-t-elle besoin d'être un thérapeute accompli pour pratiquer et exercer le Reiki ?

---

1. Voir l'ouvrage *Les Sphères du cœur*, Les Deux Océans, 1999.
2. Tulku Thondup, *op. cit.*, p. 225.

Réponse : Accompli, peut-être pas, mais c'est toujours un plus que de posséder un certain savoir-faire ou des compétences particulières afin de maîtriser l'échange thérapeutique. Cependant, le Reiki n'est pas une psychothérapie ni une analyse pour autant. C'est une *thérapie spirituelle*, une thérapie de l'âme et, comme Richard Moss, comprenons que *la technique thérapeutique consiste à célébrer la présence de Dieu en la personne soignée*. Il vaut donc mieux être un bon pratiquant spirituel qu'un « thérapeute ». Votre question se rapproche de celle qui avait été posée à Usui : « Une personne a-t-elle besoin de connaissance médicale pour pratiquer la méthode de Reiki Usui ? » Il répondit ceci : « Ma méthode spirituelle dépasse les sciences modernes. Par conséquent, vous n'avez pas besoin de connaître la médecine. »

L'approche du Reiki n'a pas pour mission de rendre *thérapeutes* les personnes qui le pratiquent. L'initiation permet simplement de retrouver un potentiel perdu réservé à tout être humain et d'être relié à une énergie de nature spirituelle, que l'on peut offrir et partager autour de soi. Le praticien devient en quelque sorte un « catalyseur de guérison » pour la personne soignée. Il est vrai que beaucoup trouvent dans le Reiki un moyen facile de s'improviser thérapeute ou enseignant, sans avoir suivi de formations adaptées. La meilleure des formations est d'avoir déjà fait un certain travail sur soi-même. Il faudrait au moins commencer par là. Mais en fin de compte, l'attitude la plus juste, c'est celle qui vient du cœur : être pleinement soi-même, à l'écoute des autres.

La parole doit venir à certains moments, mais ce qui instruit et ce qui donne, c'est la présence. C'est elle qui est silencieusement agissante.

Christian Bobin

QUESTION 19 : Je n'arrive pas à faire naître en moi un sentiment véritable d'amour compassion. Comment puis-je m'y prendre pour le développer dans la mesure où la pratique du Reiki est l'expression de la bonté universelle ?

RÉPONSE : Nous avons tous, à l'état naturel, des germes de sagesse, d'amour et de compassion, mais ceux-ci sont temporairement voilés par des empreintes karmiques d'ignorance. La pratique spirituelle, la méditation, le Reiki constituent de bons moyens d'entraînement pour ouvrir le cœur et éveiller l'esprit [1]. Beaucoup d'entre nous sont en prises avec des sentiments de peur, d'insécurité, d'échec, de troubles affectifs divers, etc. Pour toutes ces raisons, nous ne savons, ou ne pouvons, aimer véritablement, alors que l'amour est à la portée de tous les êtres. Le bouddhisme enseigne que même la plus féroce des tigresses est capable d'éprouver un amour sans limites pour ses petits. Don Alexander disait qu'il n'y avait pas tant un manque d'amour dans l'univers, mais plutôt de trop grandes résistances à l'intérieur de nous. Il y a toute une série d'exercices que l'on peut pratiquer pour développer l'amour universel mais qu'il serait trop long d'expliquer ici. Vous pouvez, dans un premier temps, vous référer à l'ouvrage de Sogyal Rinpoché : *Le Livre tibétain de la vie et de la mort* [2], afin de développer ce qu'il appelle « l'amour-tendresse ». Ce qui m'aide bien souvent, c'est de placer le second symbole du Reiki dans le cœur, et de faire résonner le *mantra* dans celui-ci, car ce symbole exprime la compassion universelle.

J'ai remarqué bien souvent que même si la surface du lac de notre esprit est agitée, la profondeur de notre océan

---

1. Je dois en réalité le titre de ce présent ouvrage : *Ouvrir le cœur, éveiller l'esprit*, à Sogyal Rimpoché, car ce fut le thème d'une série de conférences qu'il organisa à travers la France il y a une dizaine d'années.

2. Aux éditions de La Table ronde.

intérieur est calme et remplie de bonté naturelle. La méditation et la pratique du Reiki sont des aides permettant d'apaiser l'agitation mentale et de découvrir tout cet amour tendresse contenu en nous. La méditation, notamment, apporte non seulement le calme, mais aussi la confiance, la paix intérieure, et c'est cela qui, en fin de compte, nous ouvre à l'amour véritable.

Quand vous avez trouvé la sécurité, vous pouvez alors ouvrir votre cœur.

Sogyal Rinpoché

Précautions d'emploi à observer

QUESTION 20 : Y a-t-il des précautions d'emploi à observer, des mesures à prendre, pour un traitement mental *à distance* concernant des affections graves et de longue durée (stress répétitif, déprime, etc.), tant vis-à-vis de soi-même que du receveur ?

RÉPONSE : Je peux éventuellement concevoir ce besoin de « protection » lorsqu'il s'agit de *techniques* à appliquer mais je souhaiterais rappeler que le Reiki est un art transcendental qui utilise une énergie de nature spirituelle. Cela est donc différent des techniques de santé ordinaires.

J'aurais en retour une autre question à vous poser : y a-t-il besoin de prendre des mesures de protection lorsque l'on *prie* pour quelqu'un ? Y a-t-il besoin de se protéger lorsque l'on *aime* une personne ?!

Concernant le symbole utilisé pour le soin de la conscience, rappelons que celui-ci nous permet de nous relier à un archétype d'intelligence spirituelle. Dans le bouddhisme ésotérique, ce symbole (car j'ai le sentiment profond qu'il s'agit du même et cela est confirmé par certains maîtres japonais) est relié à la « sixième conscience », le mental cosmique, personnifié par Bouddha Amithâba. Ce symbole sert donc à faire entrer la lumière de la sagesse et de la connaissance transcendante dans notre esprit. Il va purifier la conscience de toutes ses illusions, limitations, obscurcissements, émotions perturbatrices, souillures mentales, tendances inconscientes, et en fait, tous les schémas névrotiques liés au karma. Tout cela représente un voile. Quand l'esprit devient clair, il peut alors reconnaître sa vraie nature, de même qu'une eau calme peut refléter la lune avec clarté. Les qualités spirituelles contenues naturellement dans l'esprit, comme l'amour, la compassion, la joie, la paix, l'équanimité, la compréhension, etc., peuvent alors s'élever et rayonner de façon spontanée et naturelle. Sur un plan relatif, nous utilisons également ce même symbole pour traiter et soigner notre mal-être existentiel, notre dépression, notre problème d'identité et de communication. Il n'y a dès lors aucun risque, tant pour le receveur que pour le thérapeute, à utiliser ce symbole. Le seul risque, c'est que la personne retrouve l'harmonie, la paix intérieure et parvienne un jour jusqu'aux rives de l'éveil !

Les indications thérapeutiques du Reiki

QUESTION 21 : Quelles sont les indications thérapeutiques du Reiki [1] ?

RÉPONSE : Le Reiki est une forme de thérapie à la fois physique, énergétique, émotionnelle et mentale, mais aussi spirituelle. Comprenons que nous ne nous substituons pas pour autant à la médecine officielle ni au travail du médecin.

1. Les neuf questions qui suivent (questions 21 à 29) font partie d'une série qui m'ont été posées par la journaliste Carine Anselme, pour un article prévu à l'origine dans le magazine *Médecine douce*. Quelques-unes d'entre elles seulement y ont été publiées (« Le Reiki, guérison et harmonie au bout des mains », *Médecine douce*, mai 1999).

Les uns agissent uniquement sur le corps, alors que le Reiki agit davantage au niveau de l'énergie d'un individu et de sa conscience. Ainsi, les possibilités d'actions sont-elles multiples et complémentaires à la médecine dite classique. Plus que des problèmes « physiques », le Reiki agit sur la totalité de l'être et prend en compte le plan émotionnel et celui de l'esprit. C'est une pratique que l'on considère comme « holistique », dès lors qu'elle vise à harmoniser les différents niveaux d'une personne. C'est donc bien l'*être* en souffrance qui est soigné, plus qu'une *pathologie*. Selon Mikao Usui, toutes les maladies causées par des facteurs psychologiques ou physiques peuvent être traitées par cette thérapie, et celle-ci ne soigne pas seulement les maladies du corps, mais aussi les mauvaises habitudes, les désordres psychologiques comme le désespoir, la faiblesse de caractère, la timidité, la difficulté à prendre des décisions, la nervosité et d'autres mauvaises tendances peuvent être corrigées... jusqu'à, disait-il, que l'homme s'unisse à Dieu, ou à Bouddha.

QUESTION 22 : Quelles en sont les limites ?

RÉPONSE : En tant que praticien, j'ai le sentiment d'« accompagner » une personne vers un mieux-être ainsi qu'une plus grande liberté et autonomie. Le Reiki n'est pas une science « médicale » dans le sens conventionnel du terme. Il n'est ainsi pas régi par les mêmes lois que la médecine dite classique. Le Reiki est une pratique de *soin spirituel*, une « thérapie sacrée », liée à la transformation et à la guérison du corps, de l'âme et de l'esprit. Mme Takata aimait utiliser l'expression de « thérapie spirituelle ». Cette approche est à la portée de toute personne, quelles que soient sa race, sa culture et son appartenance ou non à une tradition spirituelle. La pratique du Reiki utilise l'*énergie de l'éveil* pour purifier les négativités, les désordres, les souffrances et les maladies profondément enracinées en chacun.

Parfois, plus que « guérir » nos symptômes, nous devons trouver un sens à la souffrance. Bien qu'il soit difficile de connaître toutes les causes de nos difficultés, nous pouvons donner un sens à celles-ci. Nous pouvons interpréter la souffrance comme une source de croissance intérieure et personnelle, comme une possibilité de grandir, de développer sa conscience. Je ne sais jamais à l'avance comment va agir le Reiki, ni quelle action il va produire, ni quelle réponse il aura à nous offrir. Et je ne considère jamais comme un échec si, dans un premier temps, la personne ne guérit pas « physiquement ». J'observe plutôt ce qui commence à bouger à l'intérieur d'elle, et à quelle nouvelle personne elle commence à donner naissance. Certains psychothérapeutes cherchent d'ailleurs à aider leurs patients à développer une collaboration consciente, en leur demandant de regarder en eux à quoi leur sert leur souffrance. Ou s'il y a une personne à qui elle est dédiée, ou encore pourquoi ont-ils choisi tel type de maladie, etc. Une telle approche sert à développer plus de responsabilité de la part de la personne soignée et l'aide à trouver les réponses en elle-même. Je propose, moi aussi, à certains de mes clients, d'être participants en se posant des questions comme : « Qu'est-ce que j'ai à comprendre ou à apprendre de ce qui m'arrive ? » ; « Quels sont les conflits que j'ai à résoudre, et qui sont à l'origine de ma maladie ? », puis de rester ensuite en éveil et conscients pendant le temps du soin.

Reiki, religion et libération spirituelle

QUESTION 23 : Quel lien le Reiki entretient-il avec les autres religions ?

RÉPONSE : L'enseignement ésotérique du Reiki souligne le lien très intime qui existe avec la tradition bouddhiste. Il y a sans doute des similitudes et des rapprochements à faire avec d'autres disciplines ou d'autres religions et traditions. Mais en même temps, l'approche du Reiki et les moyens qu'il utilise sont uniques. Mikao Usui a ainsi adapté et simplifié un enseignement ésotérique et il a sûrement traduit d'anciens symboles sanskrits qu'utilisait le bouddhisme shingon et tendaï afin de les adapter au niveau de conscience de la majorité, rendant cet enseignement accessible à tous et en fin de compte, universel. Lorsque vous avancez dans les différents degrés, et principalement dans les niveaux supérieurs, des méditations spécifiques en relations avec le bouddhisme sont introduites au fur et à mesure.

QUESTION 24 : Pensez-vous que le lien très fort avec le bouddhisme notamment permet une compréhension plus grande du Reiki, et soit dès lors utile pour les Occidentaux ?

RÉPONSE : Cela dépend de notre conception du Reiki. Beaucoup enseignent et pratiquent l'aspect technique du Reiki. Par exemple, celui-ci est utilisé comme une pratique de soin énergétique, dont l'aspect spirituel n'est pas forcément représentatif. Cette forme de Reiki est utilisée davantage pour soigner les symptômes ou la « partie malade », ou comme une technique de mieux-être holistique et de relaxation. Mais bien sûr, au niveau de l'énergie, cela reste toujours du Reiki !

Pour ma part, bien que l'aspect technique soit inclus, j'enseigne le Reiki comme nous permettant d'entrer en résonance avec la dimension de complétude et de guérison intrinsèque qui siège en chacun, et il constitue en cela un chemin d'éveil spirituel. J'explique souvent que mon expérience est très différente selon que j'utilise le Reiki pour traiter la partie en souffrance ou pour rencontrer la dimension divine de la personne traitée et la perfection originelle qui est en elle. Il faut peut-être rassurer ici en disant qu'on ne prend aucun engagement particulier avec le Reiki, que chacun est libre de garder ses croyances et que suivre une formation au Reiki ne demande pas de se convertir au bouddhisme pour autant ! Un profond respect des individus et des croyances qui les animent est conservé par le formateur. Mais en tant qu'enseignant justement, je transmets toutes les connaissances liées à la tradition originelle de cet art.

QUESTION 25 : Estimez-vous que la *libération spirituelle* est le passage obligé pour la guérison du corps physique ?

RÉPONSE : Je ressens qu'il faut travailler à ces deux niveaux. Il ne peut y avoir de réelle guérison, qu'elle soit physique ou non, sans libération spirituelle. La guérison, d'un point de vue absolu, c'est de revenir à notre état de santé originel. Ainsi, le Reiki, tout en apaisant les souffrances du corps, permet aussi la guérison émotionnelle de l'âme, et pour ceux qui l'envisagent de la sorte, un certain éveil et croissance de la conscience. Il ne faudrait pas opposer pour autant le Reiki et la médecine conventionnelle. Les deux approches peuvent très bien travailler ensemble. Beaucoup de médecins en ont pris conscience. De nombreuses caisses complémentaires, notamment en Suisse et en Allemagne, prennent en charge une partie des soins Reiki, car elles se sont rendu compte qu'avec cette thérapie, les personnes étaient en meilleure santé, donc moins malades.

Hiroshi Doï expliquait que le Reiki permettait d'utiliser une énergie d'une dimension supérieure pour la guérison. Il y a à la fois la *guérison par le ki*, favorisant la santé du corps et l'équilibre émotionnel, et la *guérison par le rei*, encourageant le développement spirituel. Il en est ainsi parce que le Reiki est de nature spirituelle. On pourrait d'ailleurs traduire le mot Rei-Ki par « énergie sacrée ». Pour simplifier, le premier degré agit davantage sur les corps physique et énergétique, alors que le second degré opère sur les corps émotionnel et psychique. Le troisième degré, quant à lui, s'occupe plus de la dimension spirituelle de l'individu.

> On ne pratique pas la guérison comme pratique spirituelle, alors que la guérison est en soi une *pratique spirituelle* et la pratique spirituelle, une *guérison*.
>
> Chris Marsh

Le Reiki et les approches complémentaires

QUESTION 26 : Préconisez-vous d'autres thérapies douces pour renforcer l'action du Reiki, ou celui-ci se suffit-il à lui-même ?

RÉPONSE : Cela dépend de notre choix personnel, et aussi de la gravité de la pathologie. Il ne faudrait priver qui que ce soit de suivre le traitement et de prendre le médicament dont il a besoin, ou qu'il estime juste pour lui. Ayant eu le poignet plâtré, je m'autorisais, en plus du Reiki que je me donnais ou qu'on m'offrait, de prendre un complément homéopathique pour favoriser la consolidation de l'os fracturé. Mais dans la plupart des cas, j'utilise toujours le Reiki en premier, et bien souvent, cela suffit. Il m'arrive de consulter des thérapeutes, des ostéopathes ou de prendre des Fleurs de Bach. Restons ouverts et dans la conscience de ce qu'il est juste de prendre pour soi à un moment donné.

QUESTION 27 : Un patient devra-t-il fatalement en arriver à passer les initiations du Reiki pour atteindre la guérison totale ?

RÉPONSE : Il ne faudrait pas le voir en termes d'*obligation*, mais c'est à la personne à considérer si elle estime cela comme étant juste, approprié et utilc pour elle et son entourage. Mais bien sûr, je ne peux qu'encourager cette initiative.

Tradition originelle et développement actuel

QUESTION 28 : Comment expliquez-vous les rapports de force et les luttes de pouvoir qui existent entre praticiens ou enseignants, dans un art qui relève de l'amour inconditionnel ?

RÉPONSE : Je ne voudrais froisser personne, mais je pense que cela tient au fait que nombre d'enseignants, formés trop vite, ne possèdent pas la réelle culture spirituelle des origines du Reiki. Certains ne veulent même pas en entendre parler, préférant en rester au niveau de la technique pure. D'autres encore se lancent dans une folle poursuite commerciale avec de nouveaux symboles et de nouvelles transmissions. J'ai demandé clairement à Hiroshi Doï, un maître de Reiki de l'association originelle d'Usui au Japon si, oui ou non, il existait d'autres symboles du Reiki à part les trois du second degré et celui de la maîtrise ? Il m'a affirmé que *non*. L'association Usui Gakkaï au Japon, ainsi que les détenteurs de l'enseignement d'Usui dans ce pays n'utilisent pas d'autres symboles. En fait, la pratique ultime est de n'en utiliser aucun ! M. Doï nous a recommandé de ne pas en rechercher d'autres ni, surtout, d'en mélanger au Reiki. Pour ceux qui possèdent une certaine maturité spirituelle, il recommandait éventuellement de développer un intérêt sincère envers le bouddhisme ésotérique (mikkyo, ou vajrayana). Nous avons une grande responsabilité en tant que transmetteurs d'un enseignement comme le Reiki. Beaucoup, fort heureusement, s'efforcent de servir au mieux cette discipline, avec l'authenticité et le respect qu'il se doit. Don Alexander en est le parfait exemple.

Les praticiens et les enseignants actuels devraient posséder au moins trois qualités essentielles : la motivation juste (l'intention pure), une source de transmission correcte (une lignée initiatique inaltérée accompagnée de l'initiation originale du Dr Usui), ainsi que plusieurs années d'expérience dans la pratique du Reiki. Mais l'intention, aussi élevée soit-elle, n'est certes pas suffisante dans notre discipline. Il faut, comme je viens de le préciser, être relié à une lignée authentique, exempte de déviations. Sur la base de celle-ci, l'expérience, ensuite, donnera toute sa valeur à l'enseignant. Sogyal Rinpoché[1] déclarait, à propos du bouddhisme : « Dans une société sans culture spirituelle et sans le discernement qu'elle procure, les gens sont crédules et seront donc incapables de distinguer entre un bouddhisme authentique et ce qui ne l'est pas. » J'ai bien l'impression que c'est ce qui se passe actuellement à propos du Reiki.

QUESTION 29 : Quelles sont alors les précautions à prendre vu le développement actuel du « marché » ?

RÉPONSE : Je pense que le grand public n'est actuellement pas vraiment au courant ni conscient de toutes les subtilités de l'enseignement et des nombreuses déviations dont le Reiki a souffert. Quand je questionne les nouveaux maîtres, je leur demande quel « Reiki » ils enseignent. Ils me répondent quasiment tous, avec la plus grande des convictions : « le Reiki Usui » ! Alors que nombre d'entre eux proposent, parfois même sans le savoir mais avec la meilleure des intentions, une forme non représentative et non traditionnelle, du point de vue du Reiki japonais et de ce que Usui a réellement transmis. La tradition initiale propose trois degrés et quatre symboles. Il faut donc se méfier des annonces publicitaires où l'on voit une formation à la maîtrise en une fin de semaine, ou un Reiki proposant des techniques complémentaires non traditionnelles et un chapelet de nouveaux symboles. À propos des symboles, ils semblerait que le Reiki ait lancé, malgré lui, une certaine mode !

---

1. *L'Avenir du bouddhisme*, The Tertön Sogyal Trust, 2000, p. 21.

QUESTION 30 : Le Reiki a beaucoup évolué en Occident ces dix dernière années. De nouvelles formes de Reiki ont vu le jour. Certains prétendent qu'il doit s'adapter à notre environnement et à notre époque. Qu'en pensez-vous ?

RÉPONSE : C'est exact, le Reiki doit, d'une certaine façon, s'adapter à notre condition présente. Nous ne pouvons pas pratiquer comme le faisait Usui, ni même selon l'association japonaise actuelle, simplement parce que nous ne parlons pas leur langue. Par exemple au Japon, ils se réunissent, chantent les préceptes d'Usui, purifient leur esprit en récitant les poèmes de l'empereur Matsu Hito de l'ère Meïji, s'assoient selon une certaine posture, pratiquent certaines techniques de purification, de respiration, de visualisation, et quand chacun des praticiens est en posture de méditation, les mains jointes *(gasshô)*, ils reçoivent l'initiation *(reiju)*. Puis, ils récitent à nouveau trois fois les préceptes (l'enseignant le fait une première fois, le groupe le fait ensuite une seconde fois, et enfin tous ensemble, maître et élèves, le récitent une fois encore). Chacun prie pour les autres, pour une bonne santé et la paix dans le monde. Cela est une des façons traditionnelles de faire, depuis l'époque de Mikao Usui jusqu'à nos jours. Reste à savoir si cela est approprié pour nous ici, en Occident !

Également, il n'y avait pas à l'origine toutes les positions de mains que nous appliquons aujourd'hui. Les Japonais pratiquent d'une manière plus simple, avec quelques impositions seulement, principalement sur la tête, et là où la personne en a ensuite besoin. Du fait d'un entraînement poussé, ils possédaient aussi davantage d'intuition et de ressenti. L'enchaînement complet a été adapté avec le temps par Chujiro Hayashi et Mme Takata, afin d'obtenir une plus grande relaxation durant les soins, de traiter le corps dans son intégralité et de développer sa sensibilité. Hayashi appréciait surtout l'aspect curatif du Reiki, la technique pure. Il avait, pourrait-on dire, un esprit plus moderne, cartésien et scientifique. Cet enseignement permettait, à la longue, de développer l'habileté nécessaire et d'apprendre à véritablement sentir les désordres énergétiques d'une personne. C'est ce qui nous a été transmis par Mme Takata. L'acquisition des différents degrés est chez nous plutôt rapide. Au Japon, rares étaient ceux qui recevaient le second degré, et encore plus rares étaient ceux qui obtenaient l'initiation complète de « maître ». Avant même de prétendre recevoir le premier niveau du second degré, il fallait déjà manifester quelque aptitude et montrer une certaine maîtrise. Lorsque le Reiki est venu jusqu'en Occident, il a dû subir inévitablement beaucoup de transformations, afin de s'adapter à notre contexte. Toutes les méthodes pratiquées au Japon ne nous ont pas été transmises, jusqu'à l'histoire du Reiki qui a pris une coloration chrétienne pour le rendre acceptable à notre système de croyance. Cependant, si de telles transformations sont adéquates, il ne faut pas penser que l'essence de l'enseignement doit se perdre. Du fait d'une trop grande ouverture et ignorance, on a mélangé et ajouté au Reiki des éléments qui ne lui appartiennent pas. Cela est dommageable car en faisant ainsi, on ne se trouve plus aligné sur l'enseignement originel d'Usui ni sur l'influence spirituelle qui l'accompagne. La forme de l'enseignement doit s'adapter bien sûr, mais l'essence doit rester intacte. Si les rituels changent, ou si d'autres symboles sont apportés à la tradition initiale du Reiki (symboles qui ne sont pas du même niveau spirituel), alors cela nuit à la transmission. La base de l'enseignement doit rester inaltérée, seul le contexte de la pratique peut être modifié, selon l'époque, le lieu et les habitudes des personnes.

QUESTION 31 : Quelles sont les dernières informations que vous possédez concernant la tradition originelle d'Usui ?

Réponse : Selon Chris Marsh, un enseignant anglais qui séjourna plusieurs années au Japon, expert en arts martiaux (iado et aïkido) et bouddhiste depuis plus de trente ans, quelques doutes semblent exister aujourd'hui sur la date exacte à laquelle la méthode de soin fut appelée « Reiki ». La pratique originelle ne portait pas ce nom, mais plus vraisemblablement celui de *Usui Teate*, tel que désigné par les élèves mêmes du créateur. *Usui* désigne donc le nom du fondateur, Mikao Usui ; *te* signifie la main (comme dans l'art martial « kara-te »), et *ate* veut dire le toucher. L'expression japonaise *teate* désigne aussi la « guérison manuelle, par le toucher », ou « soin médical ». *Usui Teate* est donc la « méthode Usui de guérison manuelle ».

L'expression *Reiki* n'apparaissait que dans les préceptes ainsi que sur la stèle funéraire d'Usui. *Reiki* désigne davantage un état à atteindre, l'éveil spirituel, ou le fait de recevoir le *satori*, l'illumination, que le nom d'une technique de soin. L'association japonaise fondée par Usui se nomme actuellement *Usui Reiki Ryoho Gakkaï*, c'est-à-dire l'association *(gakkaï)* de la méthode *(ho)* de soin *(ryo)* Usui. Mais à l'origine, l'expression utilisée était *Reiki Reiho*, c'est-à-dire *Reiki* : (donner ou recevoir) l'illumination, et *Reiho* : la vérité ultime. La pratique du Reiki est donc une voie permettant de mener quiconque jusqu'à l'éveil spirituel et à la vérité ultime. De nos jours, l'approche de l'*Usui Teate* représenterait la forme la plus ancienne et la plus authentique de l'enseignement du Reiki. Même au Japon, rares sont ceux qui la connaissent, notamment concernant la pratique des *kotodama*. L'enseignement primordial du Reiki Usui Teate repose sur cinq aspects essentiels :

– la transmission et la bénédiction du *reiju* (l'initiation originelle d'Usui) ;

– l'application des cinq préceptes dans sa vie quotidienne ;

– l'autoguérison (autotraitement et soins portés à soi-même) et les cinq positions (ou cinq *mudra)* de base ;

– la pratique des *kotodama*, ainsi que la façon juste de les « chanter » ;

– la méditation *hatsureiho*.

La pratique des *kotodama* ainsi que la méditation *hatsureiho* font partie de l'enseignement du second degré.

Peu avant de mourir, en mars 1926, Mikao Usui avait créé une association regroupant la majorité des praticiens de Reiki au Japon. Il avait désigné en particulier Jusaburo Ushida (1865-1935), l'un de ses proches élèves, comme le président de cette association. Il faut préciser ici que la notion de « grand maître » n'avait pas cours à l'époque d'Usui et que tous les enseignants formés par lui étaient considérés comme égaux. Chujiro Hayashi était simplement l'un d'eux. Il avait appartenu pour un temps à cette association, mais ne voulant plus se conformer à leurs principes, il l'avait quittée. Le troisième successeur de l'Usui-Gakkaï fut Iichi Taketomi (1878-1960), qui désigna à son tour Toyoichi Wanami (1883-1975). Celui-ci nomma Mme Kimiko Koyama, née en 1906 et décédée récemment en décembre 1999 à l'âge de quatre-vingt-quatorze ans. Elle avait légué sa place le 17 janvier 1998 à Masaki Kondoh, afin de lui succéder et de prendre en charge l'enseignement authentique d'Usui. Selon d'autres sources, Yoshiharu Watanabe est aussi annoncé comme ayant été le quatrième successeur au sein de la présidence de l'Usui Gakkaï. Mais si certains n'en font pas état, c'est parce qu'il serait en fait resté très peu de temps à la tête de la présidence, ayant décédé juste après. Cependant, l'association japonaise confirme bien qu'il a été un élève et ami proche d'Usui, ainsi qu'un pratiquant du bouddhisme ésotérique japonais shingon. Ainsi, juste après son décès, en 1944, c'est à nouveau Iichi Taketomi qui assuma la responsabilité de l'association jusqu'en 1960.

Ainsi que je l'ai écrit dans mon précédent livre [1], il y a dans le Reiki japonais trois niveaux de transmission, semblables, en apparence, à ce qui était enseigné par Mme Hawayo Takata. Dans le premier degré, on insiste sur les préceptes de vie de l'empereur Meiji, comme ayant une valeur philosophique. Cela constitue un code de vie morale pour l'adoption d'un comportement juste.

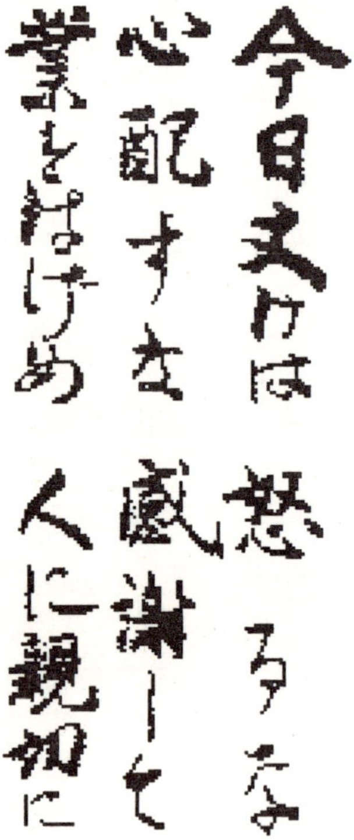

Les cinq préceptes du Reiki calligraphiés par Mikao Usui [2]

1. *Reiki, sagesse et compassion*, éditions du Rocher, p. 181.

2. L'enseignement de l'Usui Teate propose une nouvelle et intéressante traduction de ces cinq préceptes : « Juste aujourd'hui, ne te mets

Mon maître disait que l'on doit avoir un vœu ou un objectif à accomplir. Celui-ci peut ne pas être parfait. Mais malgré tout, il nous est nécessaire d'en posséder un.

C'est comme avec mes Préceptes, même s'il est impossible de les suivre à la lettre, nous devons les maintenir. Sans un objectif ou sans les Préceptes, nous ne pouvons pas être de bons bouddhistes. Nous ne pouvons pas actualiser notre voie.

Mikao Usui

Cent vingt-cinq des poèmes *(waka)* de l'empereur Meïji tiennent également une place importante dans l'enseignement du Reiki. Ils représentent une *nourriture* mentale et spirituelle pour tous les praticiens. Aujourd'hui encore, ils sont récités religieusement au sein de l'association d'Usui. Un manuel de stage *(Usui Reiki Ryoho Hikkei)* relatant certaines des paroles même d'Usui, est remis aux étudiants. Celui-ci contient entre autres une explication complète des soins à apporter en fonction de la plupart des pathologies. Étant médecin, on aurait fait la requête au docteur Hayashi d'écrire cette dernière partie. Ce premier degré s'appelle *sho den*. C'est le niveau élémentaire, préliminaire, c'est-à-dire le degré de base. Les initiations données peuvent être échelonnées sur plusieurs mois, selon les prédispositions de l'étudiant et le choix du maître enseignant. On insiste surtout sur l'autotraitement et une pratique personnelle du Reiki.

La grande nouveauté concerne le second degré *(oku den)* qui se décompose en réalité en deux parties. Dans la première partie (ou première moitié) *oku den zenki*, on enseigne la façon de transmettre davantage d'énergie par l'action du premier *kotodama*, et celui permettant de générer l'harmonie (second *kotodama*). Certaines techniques sont également introduites à ce niveau. La deuxième partie, *oku*

---

pas en colère, ne te fais pas de souci, sois humble, accomplis ton devoir avec honnêteté, sois rempli de compassion pour toi-même et les autres. »

den kouki, correspond au traitement à distance *(enkaku chiryo ho)* et à la transmission du troisième *kotodama*. Il peut s'écouler plusieurs mois entre ces deux parties, tant l'enseignement est vaste et complet. Il faut aussi un temps d'intégration et de pratiques personnelles. D'autres méthodes spécifiques de traitement avec les mains sont introduites à ces niveaux d'enseignement : favoriser la transmission du Reiki par petites tapes, par pression ou par massages (*uchi-te*, *oshi-te* et *nade-te chiryo ho*) ; certaines techniques de méditation et de purification, permettant de développer le canal d'énergie du Reiki et de progresser spirituellement (*hatsurei ho* et *hikari no kokyo ho*) ; la méthode du bain sec, ou brossage *(kenyoku ho)*, permettant de purifier l'aura et l'esprit. On enseigne aussi la méthode pour enlever les toxines et les poisons du corps et de l'esprit *(tanden chiryo ho)*, celle pour purifier et équilibrer le sang *(ketsueki kokan ho)*, celle pour soigner avec le souffle et le regard *(koki ho et gyoshi ho)*, la technique de relaxation et de guérison par le nombril *(heso chiryo ho)*, celle pour purifier les énergies négatives *(jakikiri joka ho* [1]*)*, que l'on peut aussi utiliser pour transmettre du Reiki aux objets, aux cristaux, aux médicaments, etc., et enfin celle pour émettre un message pur (affirmation positive) destiné au subconscient du receveur *(nentatsu ho/sei heki chiryo ho)*. Il y a également la méthode de « lecture des sensations » permettant de localiser les blocages énergétiques *(byosen reikan ho)* et celle pour développer la capacité de détecter spontanément les déséquilibres provenant d'une zone malade du corps *(reiji*

1. *Jaki* : mauvaises influences. Il ne s'agit pas ici de les éliminer, ou les anéantir, mais de les purifier et d'harmoniser la situation. Cette pratique permet d'enlever les mémoires afin de ramener la clarté et l'équilibre.

ho), etc. Ces deux dernières méthodes sont parfois introduites plus tôt, et même dès le premier degré.

Vient enfin le troisième degré *(shinpi den)*, que certains appellent l'enseignement secret. Dans un premier temps, ils transmettent l'initiation du quatrième et dernier *kotodama*, ce qui ne fait pas de vous un *maître enseignant* pour autant ! Vient seulement ensuite le niveau supérieur du troisième degré que l'on appelle *shihan*, où l'on est pleinement autorisé à enseigner et à avoir ses propres élèves. Rares sont ceux, même encore aujourd'hui, qui parviennent à cette toute dernière étape.

En complément à tout cela, l'enseignement du Reiki comprend l'apprentissage de *ki-ko* (pratiques respiratoires et mouvements de santé), une façon de commencer et de finir les soins par un étirement énergétique au-dessus du corps, la pratique du traitement de groupe *(shu chu Reiki)*, etc.

Durant mon séjour à Vancouver auprès du maître japonais Hiroshi Doï (j'étais le seul initiateur francophone à avoir participé à cet événement exceptionnel), j'ai reçu nombre d'initiations *(reiju)* et la totalité des pratiques décrites ci-dessus. Ce fut un apprentissage particulièrement enrichissant et un nouveau tournant dans l'enseignement du Reiki que je propose. Je suis maintenant habilité à transmettre ces différentes techniques à mes étudiants, lors de séminaires approfondis, suite au deuxième degré de base et l'introduction aux trois symboles/*kotodama* d'Usui. Hiroshi Doï nous a demandé de les enseigner à notre tour. J'ai ressenti, durant l'enseignement de ces nombreuses méthodes, qu'elles possèdent un grand pouvoir de transformation sur les personnes et une faculté curative indéniable.

QUESTION 32 : Dans un numéro de la revue *Biocontact*[1], diffusée dans la plupart des magasins diététiques, vous avez

1. *Biocontact* n° 27, novembre 1993.

affirmé qu'il n'y avait fondamentalement pas de différences entre les initiateurs, que chacun d'eux était lui-même un *canal* pendant l'instant de l'initiation, que ce n'était pas une personne qui initiait mais que le pouvoir du Reiki *en elle* se transmettait par la grâce du Divin. Vous aviez même écrit ceci : « L'énergie est une, indivisible, et le Reiki le même et toujours pur, quelle que soit la personne qui le transmet et quelle que soit sa lignée de transmission. » Êtes-vous toujours d'accord avec cela ?

RÉPONSE : Oui et non ! À l'époque où j'avais écrit cet article, il n'y avait pas toutes les différences que l'on rencontre actuellement dans le Reiki. Seule l'Alliance Reiki était représentée et ses enseignants pratiquaient scrupuleusement ce qui leur avait été transmis, dans la pure lignée de Mme Takata. Selon moi, cela reste toujours valable si l'enseignant est relié à la transmission originelle d'Usui, d'Hayashi et de Takata (ou de l'un des maîtres formés par ces personnes), ou, comme c'est actuellement le cas pour certains, d'une lignée japonaise de Reiki, et s'il reste fidèle au protocole initiatique de départ.

Si une personne, avec toute l'honnêteté du monde, modifie les protocoles initiatiques, ajoute d'autres symboles (reçus en *channeling* pour la plupart, sans parler de ceux qui en ont créé eux-mêmes), ne respecte plus l'influence spirituelle de sa lignée d'origine, même si elle se réclame du *Reiki Usui traditionnel*, son initiation n'aura plus du tout la même valeur. Il est difficile de déterminer ce qui se passe vraiment, mais j'ai l'impression qu'on a voulu jouer aux apprentis sorciers et que l'énergie et la grâce véhiculées dans ce prétendu *Reiki* sont complètement différentes et pas si positives qu'il y paraît. J'ai vu des personnes, peut-être plus fragiles, connaître de nombreux problèmes et devenir déséquilibrés dans leur vie et leurs relations. Ce que transmettent ces personnes elles-mêmes durant leurs soins ne possède pas la pureté originelle de l'énergie du Reiki. Soyez donc prudents face à ces nombreuses déviations. Beaucoup de ces nouveaux symboles n'ont rien à voir, sur le plan spirituel et énergétique, avec ce que véhiculent les symboles qu'Hayashi a reçus de Mikao Usui, et qui nous ont été transmis ensuite en Occident. Les symboles du Reiki sont une « écriture sacrée », ce qui n'est pas le cas de ceux-ci qui s'apparentent plus à une « onde de forme ». Je pense que vous n'apprécieriez pas que je vous offre une bonne bouteille de bordeaux dans laquelle j'aurais mélangé du jus d'orange. Que diriez-vous si je mettais un peu de soda dans votre coupe à champagne ? Dans ce cas, on ne pourrait pas affirmer qu'il n'y a pas de bordeaux ou de champagne du tout, mais avec « quoi » serait-il mélangé et dilué ? Là est la vraie question. En plaisantant, je dis qu'il existe maintenant un « Reiki bio », traditionnel et originel, le label de qualité en quelque sorte, et un « Reiki OGM », modifié et génétiquement transformé par l'apport de nouveaux composants comme les multisymboles, etc. Dorénavant, c'est à chacun de choisir, en toute connaissance de cause !

En Orient, ils ont des rituels précis qu'ils ne s'amusent pas à modifier. Nous, on en est encore au jardin d'enfants, avec un bon cœur, une grande innocence, mais aussi une sacrée dose d'ignorance et d'inconscience. Ces nouvelles transmissions de Reiki proviennent de personnes qui se disent « inspirées » ou qui reçoivent de nouvelles informations « par l'esprit ». Mais aucun d'elles n'a transmis comment répéter de façon correcte les *mantra* des symboles, alors qu'il aurait fallu commencer par là. Personne n'en a eu l'idée. Cela, elles ne l'ont pas reçu, préférant proposer continuellement de nouveaux symboles !

Beaucoup de gens en cet âge sombre n'ont pas l'esprit stable. Ils veulent s'atteler à cent choses à la fois et, semblables à des singes, agissent précipitamment et mettent à exécution toutes les idées qui leur passent par la tête sans les examiner. Ils sont la proie des *théourang* [1] et autres esprits qui se délectent à déployer toutes sortes de mirages et produisent maintes chimères, comme des enseignements reçus en vision ou en rêve qui égarent les gens…

Tulku Thondup Rinpoché [2]

Enseignement originel

QUESTION 33 : L'enseignement originel du Reiki est donc beaucoup plus riche que ce que l'on croyait au départ et constitue en soi une discipline spirituelle complète ?

RÉPONSE : Absolument ! Cet enseignement intègre diverses méthodes complémentaires. Celles-ci comprennent des techniques similaires au *chi-kong* basées sur la médecine énergétique chinoise, que Mikao Usui maîtrisait parfaitement. On y trouve aussi certaines techniques de méditation très puissantes. J'ai eu le plaisir d'y découvrir des pratiques corporelles et respiratoires *(kokyu ho)*, intégrant la dimension physique et énergétique de l'individu, et des pratiques méditatives agissant au niveau mental et spirituel. Cela ne fait que confirmer que la pratique du Reiki est constituée d'un système d'enseignement extrêmement complet. La méthode des soins est différente également, y compris la façon de poser les mains. Parfois même, on est amené à agir au-dessus du corps, dans le champ énergétique de la personne, sans avoir à la toucher systématiquement. On peut également la masser avec le Reiki, ou simplement la *regarder*. La manière de transmettre les initiations est elle aussi différente. Je me demande pourquoi cela ne nous a pas été enseigné, dès le départ, par Mme Takata. Les circonstances n'étaient peut-être pas appropriées, ou n'en

1. Les « théourang » *(the'u rang)* sont des esprits unipèdes.
2. *Les Trésors cachés du Tibet*, Guy Trédaniel, 2000, p. 138.

permettaient-elles pas la diffusion dans de bonnes conditions. À moins qu'elle n'ait décidé de ne transmettre que l'essence du Reiki, sans entrer dans toutes les subtilités de cette pratique, et de l'adapter ainsi à notre monde occidental.

QUESTION 34 : On pourrait se poser la question de savoir si, en fait, elle avait elle-même reçu ces différentes méthodes ?

RÉPONSE : Je reste persuadé que oui, bien sûr. Certains signes nous le montrent. Par exemple, dans le petit livret bleu que les enseignants de l'Alliance Reiki donnent à leurs étudiants, il est inscrit ceci, tiré des premières notes d'Hawayo Takata : « Je termine la séance par un léger massage de la colonne vertébrale qui équilibre la circulation (...). Je place mon pouce et mon index sur le côté gauche de la colonne vertébrale et les trois autres doigts et la paume de la main à plat, sur le côté droit de la colonne. Puis, je descends dix ou quinze fois le long de la colonne vertébrale (...). Bras et jambes sont massés en remontant vers le cœur, etc. » Cela ressemble tout à fait à la méthodes pour purifier le sang *(ketsueki kokan ho)*, bien que la version originelle soit plus complète. Takata avait aussi montré la technique de « lecture des sensations » *(byosen reikan ho)*, pendant l'étirement de l'aura, et celle du *kenyoku ho*. D'après Frank Arjava Petter, auteur de livres connus sur le Reiki, la méthode permettant de sentir les déséquilibres énergétiques du corps *(reiji ho)*, ainsi que certaines techniques de respiration *(joshin kokyu ho)* avaient été enseignées par Mme Takata. D'après lui, elles étaient consignées dans son « journal » de mai 1936. Elle avait en outre mentionné la méthode pour transmettre une « pensée positive » *(nentatsu ho/sei heki chiryo ho)*, mais qu'elle avait associée aux symboles du second degré. Il y a donc des indications assez précises qui nous montre qu'elle avait bien reçu l'enseignement complet du Reiki de son maître Chujiro Hayashi.

Parfois, son instruction concernant les impositions de mains diffèrent selon les élèves qu'elle a formés. Par exemple, Fran Brown (une de ses élèves) nous avait montré comment placer les mains en recourbant ses doigts et en les plaçant juste sous les yeux. Cela correspond en fait à des points d'acupuncture (points d'entrée des méridiens de la vessie, de l'estomac et de la vésicule biliaire). La même position se retrouve au niveau de l'occiput, en ramenant les doigts vers soi, faisant en sorte qu'ils exercent une légère pression sur le bulbe rachidien, stimulant certains méridiens (méridien de la vésicule biliaire principalement). On retrouve ces positions spécifiques dans l'enseignement du *Traditional Japenese Reiki*, transmis par Tatsumi sensei, formé lui aussi par Hayashi. Les symboles sont d'ailleurs tout à fait identiques dans ces deux lignées, alors qu'ils diffèrent légèrement dans le *Reiki Jin Kei Do* de sensei Takeuchi, pourtant un autre élève d'Hayashi, ainsi que dans l'enseignement de l'Usui Gakkaï !

Une progression adaptée dans les différents niveaux de Reiki

QUESTION 35 : Au regard de ce que vous venez d'expliquer, concernant ces nouvelles (mais en fait anciennes et originelles) méthodes, quelle serait la progression la mieux adaptée dans notre évolution avec les différents degrés du Reiki ?

RÉPONSE : Cela dépend des critères auxquels on se réfère et relève de la lignée à laquelle on est relié, et donc des transmissions qu'on aura reçues soi-même. Cela variera si l'on enseigne selon la tendance occidentale du Reiki, principalement celle de l'*Alliance Reiki*, ou selon que l'on se rapproche des enseignements japonais originaux plus complets. Je ressens maintenant que le plus adapté serait de recevoir tout d'abord le premier degré, sur deux jours entiers. On y introduit la philosophie de guérison et d'énergétique, les principes spirituels, les règles de vie, le sens de l'attention vigilance (ou *méditation*), la pratique d'imposition des mains et les différents soins associés. Après plusieurs mois d'une pratique effective, et si les personnes se sentent prêtes, on leur transmet l'initiation du second degré *(okuden zenki)* et l'introduction aux trois *kotodama* du Reiki. Puis, lors d'un stage suivant *(okuden kouki)*, il serait bon d'introduire les méthodes complémentaires évoquées ci-dessus, qui normalement sont enseignées à ce niveau-là de pratique. C'est seulement ensuite que peut être introduit la première des deux (ou trois) parties de la maîtrise Reiki *(shinpi den)*. Auparavant, je suivais les directives de l'Alliance Reiki, en n'enseignant que les premier et deuxième degrés, et si cela était approprié, la maîtrise complète en un seul degré. Maintenant, ma façon d'enseigner est plus proche de la méthode japonaise originelle. Concernant l'accès à la maîtrise du Reiki, je propose certains critères sélectifs : le troisième degré du Reiki Usui, *shinpi den* – niveau praticien avancé –, constitue un pas de plus vers la croissance spirituelle et la réalisation de sa vraie nature, ainsi qu'une avancée sur le chemin spirituel. Le quatrième symbole/*kotodama* y est introduit comme un support de contemplation de l'esprit, afin que chacun puisse reconnaître en lui-même les qualités de force, de sagesse, d'amour compassion et de lumière infinie, qui résident au sein même de son esprit. Ce niveau n'est ouvert qu'à ceux qui considèrent le Reiki Usui comme une authentique « méthode de libération du corps et de l'esprit », et qui s'engagent sincèrement et honnêtement dans cette discipline. Ainsi, la compassion suprême consiste-t-elle à offrir et à dédier sa pratique spirituelle pour le plus grand bonheur de tous les êtres sensibles. Ce troisième degré n'est cependant pas le niveau de *maître enseignant*, et ne permet ni n'autorise en aucune façon à transmettre les différentes initiations des premier et deuxième degrés. Ce point doit être scrupuleusement respecté, et toute personne acceptée s'engage solennellement dans ce sens.

QUESTION 36 : Que sera-t-il exigé pour cela ?

RÉPONSE : Un travail important sera demandé au praticien de ce niveau, notamment sous forme de méditations spécifiques compatibles avec sa voie spirituelle. Toute personne recevant cette transmission possédera au minimum trois ans de pratique régulière du Reiki, dont deux ans à compter du second degré. De plus, chacun aura participé au moins une fois au séminaire de Don Alexander, comme étape préparatoire et comme faisant partie de leur formation initiale. Cette condition sera requise pour suivre et recevoir ensuite la première partie du troisième degré, que j'appelle le niveau *praticien avancé*.

La personne devrait, dans l'idéal, avoir accompli un certain travail sur elle-même (psychothérapie, thérapie émotionnelle, analyse, etc.), et s'être engagée dans une voie spirituelle véritable. Un travail d'assise méditative et de contemplation sera indispensable à ce niveau d'enseignement, d'où l'intérêt d'avoir déjà une certaine expérience en ce domaine.

QUESTION 37 : Qui sera donc prêt à le recevoir ?

RÉPONSE : Il ne s'agit pas de déclarer que tel individu est supérieur à un autre, sous prétexte qu'il a été accepté à ce niveau, ou que telle autre personne serait de nature inférieure, parce qu'elle n'a pas été acceptée. Le point n'est pas d'être « supérieur » ou « inférieur », mais plutôt de veiller à ce que ce degré soit juste, approprié et adapté à la personne qui le reçoit. Ainsi, l'enseignement originel du Reiki sera-t-il préservé avec fiabilité et intégrité. C'est la raison pour laquelle j'ai décidé dorénavant d'offrir la possibilité, à tous mes stagiaires qui en font la requête sincère, de recevoir l'initiation et la transmission du quatrième *kotodama* d'Usui. Comme je l'ai déjà précisé, traditionnellement au Japon, le degré de maîtrise possède deux, et parfois trois parties : le niveau « professionnel » *(shinpi den)*, celui de « professeur assistant » (*shinan kaku*, ou *menkyo*) et le niveau « enseignant » *(shihan)*. Rares sont ceux, même encore aujourd'hui, qui parviennent à cette toute dernière étape dans l'enseignement traditionnel japonais. Il est dit qu'Usui avait formé environ mille personnes au premier degré, de trente à cinquante au second degré, et seulement dix-sept enseignants.

Voici en détail le descriptif des différents séminaires et niveaux de transmission que je propose. Il est utile de rappeler qu'il n'y a pas d'accès *systématique* aux deux derniers niveaux de la maîtrise – *shinpi den*, et, contrairement à la tendance actuelle, aucune annonce publicitaire n'est faite pour ces derniers. Il s'agit plutôt d'un suivi progressif, invitant chacun à se responsabiliser, à appliquer et assimiler les méthodes transmises, et surtout, à se prendre en charge dans sa demande. L'enseignement proposé ici se veut le plus proche possible du courant japonais actuel, tant en ce qui concerne l'évolution des degrés, que du contenu des cours et des initiations *(reiju)* transmises.

Même si l'esprit (l'essence) est plus important que la forme, qui peut s'adapter et évoluer selon les personnes et les pays, nous nous devons de respecter l'enseignement originel du Reiki Usui, sans modification majeure, notamment en ce qui concerne l'adjonction de nouveaux symboles fantaisistes, reflet d'une démarche plus commerciale qu'orthodoxe.

Certaines raisons me font parfois hésiter à transmettre l'initiation complète de maître et l'enseignement correspondant. D'une part, peu d'initiateurs actuels sont soucieux de l'enseignement véritable, originel et traditionnel du Reiki et en respectent les principes éthiques et spirituels. De plus, l'admission à un tel degré, contrairement aux offres publicitaires que l'on voit fleurir, nécessite un certain temps de pratique du Reiki, de maturité, l'engagement dans une voie spirituelle authentique (assise silencieuse méditative, par exemple) ainsi qu'un travail personnel effectué lors d'une démarche analytique ou psychothérapeutique. Enfin, dernier point, un suivi assez long me semble important et nécessaire, et cela demandera au futur maître enseignant de participer à plusieurs des stages organisés par l'initiateur. C'est pourquoi la transmission du niveau *shinpi den* – praticien avancé – fera déjà l'objet d'une attention particulière quant au choix des personnes et ne permettra pas dans un premier temps de transmettre les initiations du Reiki. Ce sera un niveau spirituel, de purification, de croissance, d'éveil et d'accomplissement, et réservé à tous ceux qui auront reçu la progression que je propose et les initiations qui l'accompagnent.

L'enseignement traditionnel du Reiki Usui se transmet donc en plusieurs niveaux indépendants et complémentaires. Voir ci-après le contenu des séminaires *(shuyokai)* que je suis en mesure d'offrir à mes stagiaires.

SHO DEN/PREMIER DEGRÉ (DEUX JOURS)

Présentation du Reiki ; arrière-fond spirituel et philosophique ; historique ; règles de vie ; principes de guérison spirituelle.

Transmission de plusieurs initiations *(reiju)* sur *deux* jours.

Traitements : positions originelles du système Usui ; traitements physiques de base, allongé et assis (Hayashi/Takata) ; équilibrages des *chakra* ; traitements court assis ; autotraitements ; traitement Reiki sur le trajet des méridiens (Hayashi/Tatsumi), etc.

Applications, échanges, partages, questions/réponses.

OKU DEN ZENKI/DEUXIÈME DEGRÉ *PREMIÈRE PARTIE* (DEUX JOURS)

Conditions : avoir reçu l'initiation et pratiqué
le premier degré depuis au moins trois mois.

Présentation, approfondissement, explication ésotérique des *kotodama* et symboles ; transmission de l'initiation *(reiju)*.

Acquérir de nouvelles façons d'utiliser le Reiki (entrer dans l'énergie et la dimension sacrée des symboles du Reiki).

Méditations et chants de guérison en relation avec les symboles (mudra, visualisation, chant des *mantra*/*kotodama* et vigilance intérieure).

Renforcer les traitements de base par imposition des mains.

Ouvrir la conscience, éveiller le cœur.

Traitements émotionnels et mentaux.

Traitement originel d'Usui à l'aide de certains cristaux spécifiques.

Transmettre l'énergie du Reiki à distance, sur soi-même et autrui *(enkaku chiryo ho)*.

Traiter la planète, les situations de la vie.

Réparer son passé, préparer son futur.

Applications, révisions, échanges, questions/réponses, etc.

OKU DEN KOUKI/DEUXIÈME DEGRÉ *SECONDE PARTIE* (DEUX JOURS) :

Conditions : avoir reçu l'initiation, pratiqué
et intégré le second degré *oku den zenki*
depuis au moins six mois.

Méthodes originelles du Reiki japonais

Transmission d'une initiation *(reiju)*, permettant d'accroître l'ouverture et la connexion avec le Reiki et d'augmenter la capacité à canaliser l'énergie.

Techniques de méditation et de purification permettant de développer le canal d'énergie du Reiki et de progresser spirituellement (*gasshô makuso ho*, *Reiki syawa no gi ho*, *hikari no kokyu ho*, *gasshô kokyu ho*, *joshin kokyu ho*, *hatsurei ho*, etc.).

Méthode du bain sec, ou brossage *(kenyoku ho)*, permettant de purifier l'énergie et l'esprit.

Méthode de « lecture des sensations » *(byosen reikan ho)* permettant de localiser les blocages énergétiques provenant d'une zone malade du corps.

Méthode permettant de développer la capacité à sentir les déséquilibres et à trouver spontanément les zones prioritaires à traiter *(reiji ho)*.

Méthodes spécifiques de traitements avec les mains : par petites tapes, par pressions ou par massages *(uchi-te/oshi-te/nade-te chiryo ho)*, favorisant la pénétration du Reiki.

Méthode pour émettre un message pur (un souhait) destiné au subconscient du receveur *(nentatsu ho)*.

Méthode permettant de traiter les « tendances inconscientes » ou inclinaisons *(sei heki chiryo ho)*.

Méthode pour enlever les toxines et les poisons du corps et de l'esprit *(tanden chiryo ho)*.

Méthode pour purifier le sang et équilibrer la circulation *(ketsueki kokan ho)*.

Méthode pour soigner avec le souffle et le regard (*koki ho* et *gyoshi ho*).

Méthode de relaxation et de guérison par le nombril *(heso chiryo ho)*.

Méthode pour purifier et transformer les énergies négatives, bloquées et les mauvaises influences *(jakikiri joka ho)*.

Méthode pour purifier et donner du Reiki aux objets, cristaux, médicaments, charmes, lieux, etc.

Méthode pour diriger et focaliser l'énergie du Reiki en un point *(vajra chiryo ho)*.

Pratiques méditatives *(Reiki makuso ho)*, traitements, applications, échanges, partages, etc.

USUI REIKI RYOHO SHUYOKAI :
SÉMINAIRE D'APPROFONDISSEMENT DE LA PRATIQUE DU REIKI USUI,
ANIMÉ PAR DON ALEXANDER (TROIS JOURS)

Conditions : avoir reçu l'initiation et pratiqué le second degré

Découvrir la pratique authentique et les *kotodama* originaux du système *Usui Teate*.

Ressentir plus profondément la nature et le sens des *kotodama*/ symboles du Reiki.

Acquérir de nouvelles façons d'utiliser le Reiki (méditations, chants, traitements...).

Étudier et comprendre la calligraphie de chaque symbole du Reiki *(kanji)*.

Aller plus loin dans sa compréhension du Reiki.

Découvrir les traditions bouddhiques anciennes, à l'origine du Reiki.

Approfondir sa pratique de thérapeute ; élargir ses facultés.

Pratiques méditatives, traitements, applications, échanges, partages, etc.

SHINPI DEN/TROISIÈME DEGRÉ I – NIVEAU *PRATICIEN AVANCÉ*
(DEUX JOURS)

Conditions (sur appréciation de l'enseignant) : avoir reçu l'initiation,
pratiqué et avoir intégré le second degré (*oku den zenki*
et *oku den kouki*) depuis trois ans minimum ;
posséder une expérience de l'assise méditative silencieuse ;
avoir participé une fois au moins à un stage avec Don Alexander.

Présentation, approfondissement, explication ésotérique du quatrième et dernier symbole/*kotodama* et révision de ceux du second degré.

Transmission de l'initiation *(reiju)*.

Révisions et approfondissement des pratiques reçues durant le second degré et des méthodes de méditations introduites dans le stage *oku den kouki*.

Pratiques méditatives (visualisations, chants, vigilance intérieure/ assise silencieuse).

Applications, échanges, partages, etc.

SHINPI DEN/TROISIÈME DEGRÉ II – NIVEAU *MAÎTRE/ENSEIGNANT* – SHIHAN – (SUR PLUSIEURS MOIS) :

Conditions (sur appréciation de l'enseignant) :
avoir suivi les quatre niveaux précédents dans cette lignée de transmission ; être engagé dans un travail thérapeutique et une voie spirituelle traditionnelle ; pratiquer l'assise méditative ; avoir acquis une certaine stabilité (centrage) ; acquisition d'une profonde expérience du Reiki et aptitude à enseigner indispensable.

Transmission des rituels initiatiques originaux du Dr Usui (et présentation éventuelle des systèmes initiatiques de la lignée de Takata, du Reiki traditionnel japonais (Hayashi/Tatsumi), du *Reiju* d'Hiroshi Doï/Usui Gakkaï, etc.).

Méditations assise ; présentation et pratique des méditations originelles de Mikao Usui, originaires du bouddhisme tendaï.

Applications, révision des stages précédents, échanges, etc.

Préparation sur plusieurs mois ; suivi de l'initiateur enseignant ; participation et intervention à plusieurs stages ;

D'autres critères seront développés selon les personnes, le contexte... *et mon évolution personnelle.*

Le « maître de Reiki » : un formateur avant tout

QUESTION 38 : Quel est le rôle d'un maître de Reiki ? Doit-il entretenir des rapports réguliers et suivis avec ses étudiants ?

RÉPONSE : Tout d'abord, si vous le permettez, je ne tiens pas à utiliser ce terme de « maître » de Reiki que je trouve très ambiguë, surtout à notre époque et dans notre société. N'appelez pas un chat de gouttière une panthère ! Il faut faire attention surtout au phénomène de sectes. Nous ne sommes pas des *maîtres*. Je me considère plutôt comme un enseignant, un formateur, mais aussi comme un grand frère, *accompagnant* durant un ou plusieurs week-ends et lors de rencontres et entretiens, des personnes sur le chemin du Reiki. L'enseignant a sûrement un peu plus d'expériences, c'est la raison pour laquelle il partage cet art avec d'autres, mais il ne faut pas le voir comme quelqu'un d'accompli pour autant, encore moins un *guru*. Il est en chemin comme tout un chacun. Il fait, à l'aide du Reiki, un travail sur lui-même, sur ses limitations, sur ses émotions. Il doit être conscient de cela et avoir l'honnêteté de le reconnaître. J'ai vraiment l'impression que je m'enseigne moi-même en instruisant les autres, et il y a bien de leçons que je me donne en animant des séminaires ! Cela me fait progresser et c'est une joie que de pouvoir ainsi partager cette expérience avec d'autres personnes, en recherche de la même vérité et impliquées dans une démarche similaire. Nous sommes des compagnons de route, et je n'ai pas d'autorité envers qui que ce soit. Il s'agit plus d'un partage mutuel, dans le respect de chacun. On pourrait presque parler d'une communauté de pratiquants, une *sangha*. Les plus anciens, c'est-à-dire les enseignants, soutiennent les nouveaux arrivants.

Par ailleurs, il ne faudrait pas penser que l'enseignant se nourrit d'un groupe, et règle ses problèmes grâce aux stages qu'il anime. L'enseignant doit posséder certaines qualités, comme être centré, communiquer avec une facilité naturelle, posséder l'expérience de gérer un ensemble d'individus, être dans l'écoute, etc. Il doit adorer transmettre aux autres, et aimer profondément l'être humain en général.

Enfin, l'humour et la joie sont deux autres composantes indispensables. À partir de là, la transmission peut se faire naturellement et dans la simplicité. On peut affirmer que l'enseignant est un guide, dans le sens d'un compagnon de route qui a fait un pas de plus et qui sait où il va. Il a une complète confiance, ce qui lui confère une certaine assurance dans son enseignement. Ainsi remplira-t-il correctement son rôle, celui de transmettre l'enseignement et les initiations du Reiki dans le respect et l'authenticité de cette tradition qu'il respecte.

Quant à la relation qu'il doit entretenir avec les praticiens de Reiki qu'il a formés, c'est plutôt à eux d'en décider, comme de venir suivre d'autres séminaires, ce qui se produit très souvent. Cependant, il semble assez difficile d'entretenir une relation suivie avec tous. Même Usui ne le pouvait pas. Il est dit qu'il a formé plus de deux mille personnes, en quatre ans, et à travers tout le Japon. Il y a sûrement des personnes qu'il n'a dû croiser qu'une seule fois. Mais je reste persuadé qu'il devait porter toutes ces personnes au plus profond de son cœur ! Je propose néanmoins, dans certaines villes où je me rends, des temps de rencontre et de partage. Nous méditons un moment, nous pratiquons le Reiki, et ensuite, l'espace est ouvert pour différentes questions. C'est très enrichissant sur le plan de l'expérience et de la continuité de l'enseignement.

Mme Kimiko Koyama, l'avant-dernière responsable de l'association d'Usui au Japon, indiquait qu'un enseignant devait posséder quelques qualifications. La plus importante selon elle, c'est de *transmettre le Reiki juste. Il ne s'agit pas simplement d'apprendre et d'enseigner la technique de l'initiation* ! Hiroshi Doï ajoutait que cela n'avait pas de sens d'enseigner si notre vie ne suivait pas l'esprit du Reiki Usui.

QUESTION 39 : Avez-vous rencontré certaines difficultés dans votre enseignement du Reiki, en relation avec les personnes que vous êtes amené à croiser ?

RÉPONSE : Parfois, certains groupes sont plus difficiles. Ce n'est pas un jugement de valeur que de dire qu'il règne dans ces rencontres un inconscient chargé de souffrances, qui font sûrement écho à ma propre histoire. Cela se traduit par des difficultés de communication, une atmosphère un peu lourde, où le travail se fait davantage au-delà des mots qu'à travers des explications conventionnelles. Certaines personnes ont besoin de se retrouver dans le silence, de ressentir les choses intérieurement plutôt que de recevoir des éclaircissements rationnels. J'ai vécu cela récemment et j'ai éprouvé le besoin de faire le point avec l'ensemble du groupe. J'ai partagé mon émotion, de façon spontanée et très ouverte. J'expliquai que notre relation ne passait pas par les mots, mais plutôt par l'ambiance, l'atmosphère du stage et surtout, par les moments intenses d'assise méditative et le partage commun. J'apprenais beaucoup de ce groupe, en termes d'acceptation et de lâcher-prise. Je n'avais d'ailleurs pas le choix, car chaque fois que je tentais de dire quelque chose, j'en devenais incapable. J'étais comme réduit au silence ! Si je me forçais à parler, cela sonnait faux. Je devais l'accepter ainsi, et simplement me taire. J'ai compris que mon enseignement passait beaucoup plus par l'attitude, le comportement, le fait de rester méditatif, centré. Je leur ai dit en plaisantant que si l'on devait écouter la cassette de ce week-end (fort heureusement, personne n'avait enregistré quoi que ce soit), ce serait extrêmement pauvre en terme de *contenu intellectuel* !

J'avais le sentiment très fort cependant, en initiant chacune des personnes présentes, que cette rencontre n'était pas fortuite. J'étais vraiment là pour leur transmettre le *baptême* sacré du Reiki et mon rôle était de les accompagner humblement sur le chemin de celui-ci. Pour cela, je me suis effacé, car je ressentais que quelque chose nous dépassait. Je leur ai dit que cela devait se communiquer entre eux et le cosmos, ou le divin. Beaucoup de personnes de ce groupe étaient déjà des thérapeutes accomplis, mais il leur manquait la grâce spirituelle qu'apporte l'initiation du Reiki. Car c'est une initiation à la Vie, à l'éveil spirituel, et cela dépasse le cadre d'une méthode de soin que l'on pourrait maîtriser. Je leur ai exprimé qu'il serait intéressant pour moi d'entendre les changements induits dans leur vie à la suite de cette transmission, les nombreuses prises de conscience, ainsi que les ouvertures de cœur, les libérations d'anciennes souffrances et l'épanouissement de l'esprit. Ce que chacun confirma ensuite.

QUESTION 40 : J'ai rencontré des initiateurs qui proposent gratuitement, ou quasiment sans condition, les initiations du Reiki à qui veut bien les recevoir, ce qui ne les empêche pas de faire, au passage, une certaine publicité dans leur ville. Étant moi-même initiatrice en Reiki, je me suis rendue à l'évidence que, depuis, moins de personnes viennent me voir pour se faire initier…

RÉPONSE : Il est peut-être bon que vous changiez d'activité ! Plus sérieusement, cela doit certainement vous enseigner quelque chose, n'est-ce pas ? Les personnes qui offrent sans restriction les initiations du Reiki semblent souffrir d'un manque évident de reconnaissance. C'est le moyen qu'elles ont trouvé pour obtenir de l'attention, de la gratitude et de l'amour en retour. De telles personnes n'enseignent pas vraiment. Ce n'est pas ce qu'elles cherchent. Elles comblent un manque dans leur vie en se nourrissant du regard des autres. Leur cas est, à la limite, pathologique. De telles personnes n'auraient jamais dû devenir des *maîtres enseignants* de Reiki, tant leur carence affective était grande. Cela relève davantage d'un problème d'identité.

L'aspect le plus grave, dans une telle situation, c'est le risque d'induire autrui en erreur et d'exercer inconsciemment un pouvoir sur lui, renforçant par là-même leur problématique de départ. Ces enseignants feraient bien mieux de commencer par se donner à eux-mêmes ce dont ils manquent, avant de s'occuper des autres. Sinon, le résultat ne peut être garanti.

De nombreux maîtres de Reiki ont une maigre expérience dans le domaine des affaires et de la communication. Souvent, ils utilisent leur pouvoir sur leurs étudiants, d'une manière inconsciente [1].

Quant à vous, je ne peux que vous conseiller de lâcher prise. Faites confiance au Reiki de vous donner bien plus que ce que vous ne rêviez de recevoir !

L'historique du Reiki

QUESTION 41 : Avez-vous de nouvelles informations à partager concernant, à présent, l'historique du Reiki ?

RÉPONSE : Mikao Usui était un enfant brillant mais, hélas, très pauvre et n'avait pas la possibilité d'aller étudier à l'université (il occupa cependant par la suite de nombreuses professions respectables, comme employé de bureau, reporter, secrétaire de politicien, industriel, etc.). Son nom usuel n'était pas Usui, mais Tsunetane. Son nom spirituel bouddhiste était Gyoho. C'est à la mort de son père, alors qu'il avait dix-huit ans, qu'il adopta le nom d'Usui, en référence avec ses ancêtres qui appartenaient à une grande famille de samouraïs (Usui désigne le nom d'une ville, ou d'un clan, que ses ancêtres auraient vaincu lors de duels). Tout jeune, il fut envoyé dans un monastère bouddhiste de l'école tendaï, où il fut éduqué et entraîné. Il pratiqua les arts

1. Frank Arjava Petter, *Reiki : Le Legs du Dr Usui*, *op. cit.*, p. 48.

martiaux *(aikijutsu)* dès l'âge de dix ans, et il continua cette pratique toute sa vie durant, recevant par la suite l'un des niveaux les plus élevés (*menkyo kaiden* – instructeur). Il a été, paraît-il, un ami de sensei Ueshiba, le maître bien connu de l'aïkido, malgré leur différence d'âge. Il devint aussi moine bouddhiste, mais sans vivre reclus dans un monastère pour autant. Il pratiqua non pas une, mais plusieurs ascèses qui le menèrent jusqu'à son *satori*, son éveil spirituel. Il pratiqua intensément différents enseignements bouddhistes, y compris le zen au sein de l'école Jyodo du temple Saihoji. Il avait de plus une profonde connaissance des pratiques shintoïstes. Dans sa vie de jeune adulte, il voyagea en Thaïlande, en Europe, ainsi qu'aux États-Unis, comme cela est écrit sur sa stèle funéraire. Son unique recherche était d'*être en paix* et de trouver le vrai contentement, où que ce soit. Il eut à un moment donné une expérience spirituelle que l'on appelle un *satori*, c'est-à-dire un avant-goût de l'illumination. Pour approfondir cette expérience, il décida d'aller dans un monastère bouddhiste (zen), dans lequel il resta plusieurs années à méditer. Au bout de celles-ci, il questionna l'abbé pour savoir comment réaliser pleinement le *satori*. L'abbé lui répondit que pour cela, il lui fallait d'abord « mourir » ! C'est en quelque sorte ce qu'il fit au cours de l'une de ses retraites de vingt et un jours. Il pratiqua une méditation qui porte le nom de « Repentance du lotus ». Repentance a ici le sens de *renaissance* et désigne la mort de l'ancien et la naissance de l'homme nouveau. Quant au lotus, il représente la faculté d'éveil contenue en chacun, car de même que le lotus s'élève de la vase sans en être souillé, tous les êtres ont en germe le potentiel de l'illumination. Cette méditation est essentiellement basée sur le *zazen shikan taza*, une pratique d'assise intense, où l'on applique l'union du calme mental *(shamatha)* et de la vision pénétrante *(vipashyana)*, qui représentent l'essence de la voie bouddhiste.

> Les vagues de pensées grossières et subtiles, d'elles-mêmes s'apaisent.
> Sans agitation, au repos de lui-même, est le fleuve de l'esprit.
> Non pollué par l'opacité et la torpeur,
> Puisse l'océan de Shamatha être calme et stable.
>
> Observant encore et encore l'esprit inobservable,
> Vipashyana voit clairement le comment du sens invisible,
> Les doutes sur ce qui est et n'est pas étant supprimés,
> Puissé-je libre d'illusion, reconnaître mon propre visage.
>
> Karmapa

Sa règle de vie était : paix, prospérité et bonheur, pour soi, sa famille, sa société et sa nation ; contribuer à la paix du monde et au contentement de tous les êtres vivants. Il disait que l'objectif ultime du Reiki était d'atteindre le *satori*, l'éveil spirituel. Andy Bowling, un enseignant britannique de Reiki, nous expliqua que la pratique du Reiki permet de parvenir au but suprême de la vie que l'on appelle en japonais *anshin ritsumei* : l'état de l'esprit totalement en paix, connaissant le dessein de sa vie, libre de tous soucis. *Anshin* signifie « se sentir en sécurité, et complètement en paix dans son cœur », et *ritsumei* se traduit par « connaître la mission à accomplir dans son existence et se sentir en confiance ». Dans l'enseignement originel du Reiki Usui, la guérison physique, psychologique ou émotionnelle n'était pas le point principal, mais juste un passage pour obtenir l'éveil. Le Reiki permet ainsi de parvenir à *kaigan*, c'est-à-dire la révélation, l'*ouverture des yeux spirituels*, ou *natsukashi* : réintégrer sa vraie nature.

Pour terminer, Mikao Usui est mort d'une attaque durant un séminaire de Reiki, en mars 1926. On raconte que la veille même de sa mort, il se prodiguait des soins Reiki.

QUESTION 42 : On a dit aussi qu'Usui avait été professeur à Kyoto, dans l'université théologique Doshisha, et prêtre chrétien. Qu'en est-il aujourd'hui ?

RÉPONSE : Cela n'est pas tout à fait vrai. Il est plus plausible qu'il ait été en revanche un prêtre *shintô*, ainsi qu'un moine bouddhiste. Il a été dit qu'il avait pratiqué la guérison durant sept années à Kyoto, afin de traiter les mendiants de l'époque. Cela n'est pas juste. On doit sûrement faire allusion au tremblement de terre qui eut lieu au Japon, comme cela est raconté dans son épitaphe : « En septembre de la douzième année de la période Taisho (1923), le tremblement de terre dévastateur Kanto, secoua Kyoto. Des milliers de personnes furent tuées, blessées ou devinrent malades par la suite. Usui sensei pleurait son peuple, mais il donna aussi du Reiki à la ville dévastée et il utilisa ses pouvoirs de guérison sur les survivants [1]. » Ce qui a été ensuite colporté en Occident, c'est que Chujiro Hayashi devint l'unique successeur et le « grand maître » après sa mort. C'est erroné, car non seulement il n'y a jamais eu un tel titre au Japon, ni personne pour l'assumer, mais Hayashi n'est pas resté membre de l'association japonaise. De plus, on connaît la majorité des maîtres formés par Usui, et les élèves de ces maîtres (dont certains sont encore vivants au Japon). Tous sont considérés comme égaux. Mme Kimiko Koyama, l'avant-dernière responsable de l'association originelle de Reiki, ne portait pas elle-même le titre de « grand maître », pas plus que son successeur actuel, M. Masaki Kondho.

Enfin, on a dit que les cinq préceptes de vie du Reiki étaient de Mikao Usui, alors que l'on sait maintenant qu'ils sont attribués à l'empereur Matsu Hito. Voilà pour les quelques remarques et réajustements. Mais en fin de

1. Franck Arjava Petter, *Reiki Fire*, Lotus Light Publications, 1997, p. 29.

compte, vous conviendrez que cela ne change pas grand-chose à l'énergie du Reiki. Ce sont juste des détails historiques ! J'ai cependant une anecdote à partager. Hiroshi Doï a aussi été l'élève d'une vieille dame, Chiyoko Yamaguchi, qui a été, semble-t-il, l'une des toutes dernières élèves d'Hayashi. Celle-ci lui a confié qu'au cours de ses nombreuses années d'apprentissage, Hayashi n'aurait fait allusion et prononcé le nom d'Usui qu'*une* seule fois ! Son système ne s'appelait d'ailleurs plus « Usui Shiki Reiki Ryoho », comme au début, en référence au fondateur du Reiki Mikao Usui, mais « Hayashi Shiki Reiki » (la « méthode de guérison Reiki *selon* le système Hayashi ») ou encore « Hayashi Reiki Ryoho Kenkyo-kaï » (le centre de recherche de la méthode de soin Reiki d'Hayashi). À cette époque, il s'occupait de la clinique du fondateur dont il avait hérité la charge, mais lorsqu'en 1931 il associa son propre nom à celui du Reiki, beaucoup de ses proches collaborateurs le quittèrent. Il aurait ainsi développé son propre style, adapté et changé les positions de mains, le protocole des initiations et formalisé l'enseignement, en fonction de sa propre expérience ainsi que de son esprit militaire plus cartésien et scientifique. Il est dit aussi que c'était un homme très dévoué au Reiki, mais l'aspect spirituel de cet art de guérison n'était pas celui pour lequel son intérêt était le plus grand. D'après Frank Arjava Petter, et d'autres personnes au Japon, il n'aurait pas reçu l'intégralité de l'enseignement du Reiki ni l'autorisation d'initier et de former de maîtres. Cela signifie qu'il n'avait pas atteint le niveau de *shihan* complet, c'est-à-dire de maître *enseignant*.

Il se serait en réalité suicidé le 10 mai 1941 (la communauté japonaise l'aurait pris à tort pour un espion à la solde des Américains, du fait de ses allées et venues à Hawaii). C'est sa femme qui prit en charge sa clinique après sa mort, jusqu'à la Seconde Guerre mondiale. D'après Hiroshi Doï, même si le Reiki est différent, la valeur reste la même et l'énergie identique quelle que soit l'école qui l'enseigne, du moment que l'on reste dans une forme traditionnelle et sans déviation au niveau de l'esprit et des symboles transmis. Je partage cet avis. Il semble donc que le Reiki d'Usui et d'Hayashi soient légèrement différents en tant que « méthode » mais l'énergie demeure identique. Rappelons que le but du Reiki est de trouver le contentement dans son cœur. C'est une pratique qui s'adresse au corps et à l'esprit, et dont l'objectif final est le développement spirituel.

Les méthodes de soin et les six niveaux du système Usui

QUESTION 43 : Juste avant un soin, il m'arrive parfois de passer la main au dessus du corps de la personne soignée et de sentir un appel d'énergie. Durant ma formation, on nous avait parlé de « scanner » en déplaçant ses mains du haut vers le bas. Que dois-je donc faire ensuite : aller sur la zone en question ?

RÉPONSE : Oui, vous pouvez poser la main sur la partie concernée, si vous ressentez un appel important. Si l'on établit une « lecture des sensations » avant de commencer le soin, on saura à l'avance où il faudra ensuite insister durant le traitement. Par conséquent, si l'on manque de temps pour une séance complète, on valorisera les endroits en question. Cela fait référence à certaines méthodes de l'enseignement traditionnel du Reiki Usui japonais : *byosen reikan ho* et *reiji ho* [1]. La première méthode permet de développer la capacité

1. Ces deux méthodes sont enseignées dans le stage *Oku den kouki*, qui représente la seconde partie de l'enseignement du second degré. Ces méthodes semblent n'avoir jamais été transmises en Occident jusqu'à la venue d'Hiroshi Doï à Vancouver.

à sentir les points du corps en déséquilibre, de détecter les zones malades sur le plan énergétique, même s'il n'y a pas de manifestation physique. On effectue un balayage au-dessus du corps du receveur tout en restant attentif à ses sensations. Celles-ci peuvent indiquer de laisser par la suite les mains sur la zone en déséquilibre. Il faut chercher à sentir sans s'impliquer, sans rien attendre, et laisser davantage remonter les informations. Mais ici, chacun devra trouver sa façon de percevoir ces informations au sein d'une pratique de base. Certains sont plus kinesthésiques alors que d'autres personnes seront plus visuelles ou auditives. Pour ceux encore qui ne sentent rien de particulier, je leur demande de regarder en eux-mêmes et de vérifier comment ils se sentent en posant leurs mains à tel ou tel endroit. Bien souvent, ils ressentent si cet emplacement est correct ou non. *Reiji ho* est une façon encore plus intuitive de pratiquer, dans un état de profond lâcher-prise et d'abandon dans le Reiki. L'essentiel est de rester dans un état de non-intervention où l'on n'est pas concerné par un résultat quelconque. Il s'agit de se sentir guidé et de demeurer dans une attitude de confiance intérieure. Les mains seront ainsi spontanément dirigées et littéralement « appelées » sur les zones à problème. Cette pratique permet de révéler le potentiel d'intuition que chacun possède de façon naturelle. Un bon praticien saura déterminer où et combien de temps les mains devront être laissées. La capacité à sentir les désordres énergétiques se développera au fur et à mesure des pratiques effectuées.

Pour conclure, Mme Takata expliquait que si l'on rencontrait une zone du corps froide, c'était l'indication sûre que cette partie avait besoin de guérison… à moins que la personne ne soit un glaçon, ajoutait-elle avec humour ! Là où il y avait une dysharmonie dans le corps d'une personne, on pouvait sentir alors une vibration dans les mains. Si l'on ressentait une sensation de fourmillements ou de picotements, il fallait appliquer un traitement. Quand cela cessait, c'était le moment de déplacer les mains. Tels étaient les conseils qu'elle prodiguait. Elle rappelait constamment que la guérison prenait place à travers le pouvoir de Dieu et que nos « mains Reiki » représentaient seulement un canal pour cela. Le Reiki, disait-elle, c'est la Force universelle de Vie, le Pouvoir de Dieu, l'Intelligence créative ! Harmonisez-vous donc avec cette intelligence supérieure durant vos pratiques. Le Reiki est en fait très simple, naturel et, par-delà la technique, il est bon de garder à l'esprit que le plus important, c'est d'être dans l'ouverture du cœur et la conscience juste.

QUESTION 44 : Il est donc utile d'étirer l'aura avant et après un soin ? Est-ce une façon traditionnelle de faire ?

RÉPONSE : Oui, en effet. Durant mes premiers stages de Reiki, j'avais appris à étirer l'aura, à quelques centimètres au-dessus du corps, de la tête vers les pieds. À l'époque, je considérais cela, à tort, comme une pratique légèrement interventionniste, car le Reiki consiste simplement à poser ses mains sur le corps de la personne en gardant la conscience présente et en éveil, l'esprit dans une attitude de non-agir. C'est en tout cas ce que l'on doit développer au niveau du premier degré. Puis, récemment, Hiroshi Doï nous a expliqué comment étirer l'aura, de la tête vers les pieds, ou de la gauche vers la droite, et aussi parfois des pieds vers la tête à la fin d'un soin, afin d'aider la personne à réintégrer son corps et à l'enraciner. Je pense que l'on peut faire cela avec le Reiki si l'on est vraiment dans le *non-agir*, sans avoir le sentiment que c'est *soi-même*, qui fait quelque chose. Hiroshi Doï expliqua qu'un lissage au-dessus du corps du patient permettait de nettoyer et d'équilibrer l'aura en drainant l'excès d'énergie. Ainsi, l'aura s'ajuste-t-elle avec le flot d'énergie émis par les mains du praticien et la stagnation d'énergie est dès lors dispersée. Nous agissons parfois de la sorte avant et après une initiation, dans certains rituels japonais. Il y a d'autres pratiques qui sont effectivement enseignées à partir du second degré, quand les personnes ont développé plus d'expériences, où l'on agit volontairement (mais avec le Reiki toujours) dans le corps énergétique du patient. Cela ressemble, apparemment, à ce que certains guérisseurs ou magnétiseurs effectuent. Mais dans le contexte du Reiki, le support énergétique et l'état d'esprit ne sont pas les mêmes. C'est pour cette raison que cela n'est enseigné que durant le second degré, avec l'acquis d'une certaine expérience, et pas avant.

La pratique d'étirement de l'aura est néanmoins transmise dès le premier degré, car elle permet de « sentir » les éventuels déséquilibres énergétiques, et de capter certaines sensations, comme un écho *(hibiki)* particulier. Une personne qui arrive à parfaire cela est classée *niveau cinq* dans le système d'Usui, un des niveaux les plus bas.

QUESTION 45 : Pouvez-vous expliquer cela davantage ?

RÉPONSE : Dans l'enseignement traditionnel japonais du Reiki, lorsqu'une personne a complété et intégré le premier niveau *(sho den)*, c'est-à-dire quand elle a reçu les initiations *(reiju)*, qu'elle pratique les positions de mains conventionnelles, qu'elle adopte les règles de vie du Reiki, et enfin, que son potentiel énergétique commence à se développer, on considère alors qu'elle en est au niveau six *(dai loku tou)*, le premier niveau et le plus bas. Puis, lorsqu'elle maîtrise la capacité de déterminer spontanément avec ses mains les endroits déséquilibrés du corps d'un patient *(byosen reikan ho)*, elle accède au niveau cinq *(dai go tou)*. Le niveau quatre *(dai yon tou)* signifie qu'elle est capable non seulement de sentir spontanément les zones malades, mais les mains sont comme appelées sur le corps et elle peut de plus déterminer le nombre de traitements que la personne aura besoin de recevoir, pendant combien de temps, etc. Cela, c'est la pratique du *reiji ho*. Puis, elle progresse dans ses perceptions, et elle accède au niveau trois *(dai san tou)*. Ce n'est qu'à partir de ce moment-là qu'elle est apte à recevoir pleinement la première moitié du second degré : *oku den zenki* ! Mikao Usui, bien qu'étant le maître fondateur de cette discipline, se considérait lui-même au niveau deux, laissant ainsi la possibilité à qui que ce soit d'aller au-delà. Quelle humilité et, surtout, quelle grande leçon pour nous ! Car ici, il n'y a pas de « saisie égotique » sur des facultés à posséder. Il n'y a ni fierté ni attachement à un quelconque pouvoir. Il s'agit simplement d'une invitation à pratiquer et à développer sa sensibilité. De son temps, rares étaient les personnes qui accédaient jusqu'au niveau de maître enseignant : *shinpi den*, que l'on appelait aussi « la méthode secrète des dieux »...

QUESTION 46 : Quelles sont les sensations que l'on est amené à ressentir en cas de déséquilibres énergétiques ? Quel est aussi cet « écho » dont vous avez parlé ?

RÉPONSE : Il y a quelques expressions japonaises qu'il nous faut ici expliquer en relation avec une des méthodes que j'ai mentionnées : *byosen reikan*, c'est-à-dire la sensation énergétique de la maladie. *Byosen* est une méthode de « lecture des sensations » permettant de localiser les blocages énergétiques avant que les symptômes ne soient devenus apparents. *Byo*, c'est la maladie, le déséquilibre et *sen* veut dire avant, précédent ou antérieur. *Rei* représente l'énergie, l'âme et *kan* signifie l'émotion ou la sensation. Voici les explications d'Hiroshi Doï à ce sujet : « Quand une personne est malade, vous pouvez être amené à sentir "quelque chose" qui provient de la source de la maladie. C'est ce que l'on appelle *byosen*. Ce que vous ressentez en tant que "byosen" dépend du type, de la sévérité ou de l'état d'avancement du déséquilibre énergétique ainsi que de la personne. Les sensations peuvent être comme "quelque chose" de chaud ou de froid, de douloureux, qui bouge, qui fourmille, qui picote, qui chatouille, etc. La sensation que l'on a dans les mains est appelée en japonais *hibiki* (écho, résonance), et vous pouvez ainsi évaluer la cause de la maladie, l'état d'avancement et le temps qu'il faudra pour la guérir. » Il faut posséder bien sûr une certaine maîtrise du Reiki pour parvenir à cette perception.

QUESTION 47 : Doit-on appliquer systématiquement toutes les positions de mains lors d'un traitement Reiki ? Je trouve cela parfois long et fastidieux, tant pour moi-même que pour certains receveurs.

RÉPONSE : En fait, il n'est pas toujours nécessaire de pratiquer chacune des positions enseignées dans le Reiki occidental. C'est ce que l'on commence à découvrir dans le second degré, notamment à travers les pratiques originelles japonaises. Usui pratiquait avec beaucoup plus d'intuition que nous. Vous pouvez ainsi privilégier les positions de la tête, puis celles du *tanden/hara*, sous le nombril, comme étant les positions de base, et vous occuper ensuite d'une zone spécifique du corps. Vous avez en fait une très grande liberté dans le Reiki. Par ailleurs, en appliquant chacune des positions qui couvrent le corps en son entier, vous apprenez à développer votre intuition, à « sentir ». Le point important est de chercher à s'adapter selon les besoins réels du receveur.

Vous avez ensuite découvert de nombreuses méthodes complémentaires lors du stage *okuden kouki*, comme par exemple le moyen de traiter par petites tapes, par pressions ou par frottements *(uchi-te/oshi-te/nade-te chiryo ho)*, ou encore la méthode pour enlever les poisons de l'organisme *(tanden chiryo ho)*, celle pour purifier le sang et équilibrer la circulation *(ketsueki kokan ho)*. J'apprécie tout particulièrement la méthode pour purifier et transformer les énergies négatives et les mauvaises influences *(jakikiri joka ho)*. Je n'ai pas su déterminer si cette dernière a été réellement enseignée par Usui, ou si cela représente un rajout de M. Doï. Elle est en tout cas très efficace. Toutes ces façons de traiter peuvent être appliquées séparément, ou en complément d'un soin de base, selon ce qu'une personne a envie ou besoin de recevoir. Cela dépendra aussi du temps dont le patient et vous-même disposez.

QUESTION 48 : Pouvez-vous nous parler un peu plus de la méthode qui consiste à enlever les poisons du corps et de l'esprit ?

RÉPONSE : La méthode s'appelle en japonais *tanden chiryo ho*, ou encore *hara chiryo ho*. Pour les Japonais, le *hara* représente le centre de la vie. Le *tanden*, c'est le réservoir de la force vitale, le champ de l'énergie intrinsèque. *Chiryo* veut dire traitement médical, soin et *ho*, la méthode ou la façon. Il s'agit d'une technique qui enlève les poisons ou les toxines du corps. Ce peuvent être des toxines physiques (comme les germes, les poisons, les empoisonnements chimiques, etc.), mentales (la dépression, les pensées négatives, les vieux schémas, les habitudes et conditionnements divers, etc.) ou encore émotionnelles (la tristesse, la colère, la rancune, la jalousie, etc.). Ce qui est intéressant, c'est que cette méthode relie deux centres importants : le front (qui correspond à l'aspect mental) et la zone du nombril (qui est une zone plus émotionnelle). C'est également le siège de l'intestin. Il faut savoir que, pour les Orientaux en général, l'intestin véhicule aussi bien les déchets solides que mentaux, car les circonvolutions de celui-ci sont les mêmes que celles du cerveau. Il y a donc un lien étroit entre le cerveau et l'intestin. Dans la tradition de la médecine énergétique chinoise, ou de celle de l'Ayurvéda indien, les dépressions sont traitées non avec des antidépresseurs, des neuroleptiques ou autres calmants, mais bien souvent en agissant directement sur l'intestin, à l'aide de massages principalement.

Notre façon de faire dans le Reiki permet à la longue de se défaire de certains schémas comportementaux ou de conditionnements inconscients. Il s'agit d'un travail sur nos « mémoires ». Elle est dès lors tout à fait appropriée en cas de troubles émotionnels, de fixations mentales, d'agitation de l'esprit ou de névroses, et en fait, de tout ce qui « empoisonne » l'esprit. Selon Hiroshi Doï, elle est aussi adaptée en cas d'empoisonnements (alimentaires ou médicamenteux) et pour les problèmes de peau. Dans le manuel du praticien de Mikao Usui, elle semble appropriée en cas d'anémie, de faiblesse de nerfs, et même d'hystérie. Il m'arrive parfois de voir apparaître, chez certaines personnes, quelques réactions émotionnelles avec cette méthode. Mais il faut l'interpréter comme étant une libération tout à fait appropriée. J'encourage les personnes à laisser sortir et évacuer toutes les émotions qu'elles ont gardées longtemps secrètes en elles-mêmes.

QUESTION 49 : La méthode de soin par le nombril *heso chiryo ho* est-elle similaire ?

RÉPONSE : Il peut y avoir, à première vue, une relation entre ces deux méthodes, puisqu'elles agissent principalement sur le bas-ventre. Mais ici, la pratique se fait exclusivement sur le nombril *(heso)*. Dans cette méthode particulière, on considère que le nombril est le centre du corps et le lieu de guérison de toutes les maladies. Cette technique à pour but principal d'équilibrer l'énergie dans le corps, et peut donc être intégrée à l'autotraitement journalier. C'est ce que préconisait Hiroshi Doï. Ce que l'on remarque, c'est qu'à partir du nombril, l'énergie rayonne ensuite dans tout le corps, et principalement là où il y a un besoin. C'est une expérience intéressante à observer.

QUESTION 50 : Au sein de l'enseignement japonais, il y a d'autres méthodes insolites, comme de pouvoir transmettre du Reiki par le souffle et même le regard. Il y a encore celle qui permet de reprogrammer l'esprit… Pouvez-vous nous donner quelques explications et enrichir notre compréhension ?

RÉPONSE : Il faut bien comprendre ici que l'on ne donne pas son souffle personnel, mais le « Souffle de Vie » ou l'énergie universelle du Reiki, dont nous sommes le canal. Nous devons là encore savoir rester centrés dans la vibration du Reiki. Cela n'est pas une technique particulière et n'a rien à voir non plus avec le souffle chaud ou froid pratiqué par certains magnétiseurs. C'est encore une fois l'esprit qui accompagne notre pratique, l'intention pure et l'innocence du cœur, qui sont ici les plus importants.

Quant à la pratique avec le regard, je me souviens avoir enseigné qu'il vous faut toucher la personne en face de vous avec vos yeux et votre cœur comme vous la toucheriez avec vos mains. C'est un regard rempli de douceur et de respect. Comme le mentionne la méthode, ne vous concentrez pas trop au point d'être éblouis, de cligner des yeux intensément ou de pleurer. Il ne s'agit aucunement de « fixer » la personne traitée, d'exercer un pouvoir quelconque ou de rentrer dans une pratique d'hypnose, avec des yeux écarquillés. Vous devez plutôt adopter le regard intérieur. Celui-ci est équivalent à la façon de poser ses yeux quand on s'assoit en méditation. C'est la pratique du regard conscient, rempli de présence.

Enfin, concernant la méthode de reprogrammation, elle est intéressante parce qu'elle permet de transformer ses croyances, ses pensées/émotions ou schémas négatifs. Le bouddhisme parle de tendances habituelles, inconscientes, profondément enracinées dans l'esprit. Nous utilisons donc l'esprit pour changer l'esprit accompagné par la force de l'énergie Reiki. Selon Gyétrul Jigmé Rinpoché, l'un de mes maîtres tibétains, ces tendances naturelles sont nos références qui nous entraînent dans beaucoup de difficultés et de douleurs. Elles ont une nature trompeuse et nous en sommes dépendants. Il disait que nous étions sous leur emprise depuis des vies et des vies. Je ne me fais donc pas d'illusion concernant cette méthode. Elle n'est sans doute pas magique. Mais elle constitue une aide appréciable afin de transformer positivement sa conscience, semblable aux techniques de reprogrammation de la pensées utilisées dans d'autres systèmes.

QUESTION 51 : Pourquoi le soin de la conscience, ou soin mental, est-il si important dans l'enseignement du Reiki ?

RÉPONSE : L'homme est constitué de trois dimensions : le corps, la parole (ou encore l'énergie) et l'esprit. Pour ce qui est du corps, tout le monde connaît : c'est la dimension matérielle de notre être, la manifestation physique de notre existence. La parole, ou énergie, est plus subtile, et elle constitue le lien entre le corps et l'esprit. La « parole », ce n'est pas simplement la capacité que nous avons de « parler ». En Orient, cette notion fait davantage référence aux facteurs énergétiques de l'individu ainsi qu'aux différentes émotions qui l'anime. L'esprit, quant à lui, est le plus difficile à définir. Par exemple, le cerveau est-il l'esprit ? La fonction mentale est-elle l'esprit ? Non, ils sont une fonction de l'esprit. L'esprit est beaucoup plus vaste. Il ne faut pas confondre aussi ce que les bouddhistes appellent l'esprit ordinaire, notre condition présente remplie de confusion, avec la « nature de l'esprit », synonyme de clarté, de sagesse et d'éveil. L'esprit ordinaire ne perçoit pas la juste réalité du monde ni sa propre nature. Il vit dans une perception dualiste, parce qu'il est soumis à l'illusion et aux facteurs mentaux perturbateurs. Ceux-là représentent un conditionnement très fort. Dans le bouddhisme [1], on appelle d'ailleurs ces facteurs mentaux les « tendances, inclinaisons ou imprégnations karmiques », ou *klesha*, en sanskrit. Celles-ci sont profondément inscrites dans l'esprit. Donc, on peut dire que des trois dimensions – corps, énergie, esprit – c'est celle de l'esprit la plus importante, et c'est celle qui influe ensuite sur les deux autres. C'est la raison pour laquelle le Reiki utilise certains symboles et vibrations énergétiques sonores (les syllabes des *mantra*), ainsi que des méthodes de reprogrammation, afin de purifier ces facteurs karmiques mentaux, qui prédisposent à certaines tendances névrotiques, certains schémas limitatifs et autres émotions conflictuelles. Nous vivons sous le joug de tendances et d'émotions perturbatrices inconscientes qu'il nous est parfois bien difficile de transformer. Il en est ainsi parce qu'elles sont profondément enracinées, depuis des vies, dans l'esprit. Ces tendances conditionnent notre existence présente. Les symboles/*kotodama* du Reiki, et principalement le deuxième qui, au Japon, exprime l'harmonie, purifient et transforment ces anciens schémas très ancrés. D'où l'importante des pratiques de purifications spirituelles, de la méditation, de la récitation des *mantra*, etc., qui coupent court à ce processus tout en laissant de nouvelles empreintes, positives cette fois, dans le courant de l'esprit, afin que celui-ci puisse s'éveiller et percevoir sa nature de clarté fondamentale. On comprend dès lors que les symboles du Reiki ne sont plus utilisés dans le seul but de convertir les mauvaises pensées, d'apaiser les émotions trop virulentes et de calmer l'agitation du mental, mais employés dans

---

1. « Selon le Bouddha, ce qui obscurcit ou empêche la perfection de l'esprit humain, ce sont les *kleshas*, termes traduit par afflictions émotionnelles, souillures, distorsions mentales, émotions négatives ou même concepts perturbateurs », *in Samsâra* n° 18, p. 93.

l'objectif que l'esprit reconnaisse en lui-même les germes d'éveil de de libération.

> La sagesse ne pourra jamais croître dans un esprit agité, confus et tourmenté. L'agitation mentale est, pour vous, un obstacle majeur à la réalisation de la sagesse.
>
> Lama Yéshé [1]

Le Reiki et les personnes décédées

QUESTION 52 : Le Reiki peut-il aider nos proches décédés, et si oui, comment ?

RÉPONSE : Nous pouvons tout à fait être utiles dans une telle situation. Je voudrais profiter de l'occasion pour rappeler que l'existence est éphémère, et que la pratique du Reiki peut être considérée non seulement comme un outil d'évolution personnelle et d'aide aux autres, mais surtout comme pouvant permettre une véritable croissance spirituelle. Avec la pratique du second degré notamment, nous possédons un moyen formidable pour accompagner dans son chemin de transition une personne qui vient de décéder. Nous ne sommes pas véritablement conscients de l'aide considérable que nous pouvons apporter à un être qui erre dans les *bardos*, ces mondes intermédiaires et parallèles qui suivent la mort. Les défunts sont priés quarante-neuf jours dans la tradition chrétienne. Certaines traditions bouddhistes proposent de faire des rituels spécifiques durant quarante-neuf jours également, période pendant laquelle, selon le *Livre des morts tibétain*, les bienfaits peuvent être très puissants. Peut-être pourrions-nous proposer quarante-neuf jours d'envoi d'énergie-lumière du Reiki à une âme qui vient tout juste de quitter notre plan terrestre. Je suis

---

1. Lama Thoupten Yéshé, *Devenir son propre thérapeute*, éditions Vajra Yogini, 1999, p. 29.

persuadé qu'une telle pratique a le pouvoir de réparer des relations non achevées, de calmer notre anxiété, d'apaiser notre tristesse et de découvrir la mort sous un autre jour. Nous pouvons offrir sûrement à l'être aimé, grâce au Reiki, l'amour le plus haut, le plus authentique, le plus magnifique, celui que parfois, de notre vivant, nous n'avons pas pu, ou su, lui témoigner. Où qu'il soit, quel que soit son chemin, sa destiné ou sa renaissance, l'être reçoit ce qu'on lui envoie.

> Il n'est jamais trop tard pour venir en aide à une personne, même si elle est décédée depuis longtemps. Peu importe que l'être que vous désirez aider soit mort depuis cent ans : la pratique que vous effectuerez pour lui sera néanmoins bénéfique.
>
> Sogyal Rinpoché

Deux de mes stagiaires ont vécu des expériences surprenantes à la suite de leur second degré. L'une d'elles est devenue capable d'« entendre » la souffrance endurée par des êtres décédés mais encore attachés à notre plan d'existence, et qui lui demandaient de l'aide, notamment grâce au Reiki. Un de leurs amis se plaignait de vivre dans une maison où certains objets bougeaient tout seuls. Les portes claquaient sans raison aucune, et d'autres phénomènes étranges se produisaient. Voici le message qu'elle reçut de l'une de ces âmes en détresse :

> Tu sais, au fond, je voudrais partir. Mais à plusieurs, on rigole bien. Je ne veux pas faire peur au locataire des lieux, mais les autres exagèrent vraiment quelques fois, et puis tu sais, je me laisse entraîner, je n'ai pas beaucoup de caractère.
>
> Ce locataire des lieux ne nous connaît pas. Au départ, on faisait cela par jeu, mais après, c'est devenu indispensable. Mais il est vrai que maintenant je voudrais me dégager. Aidez-moi, vous qui savez.
>
> Je suis Hubert. Je voudrais vraiment changer de plan. Je pense que les autres me suivraient s'ils me voyaient partir… Je suis décédé il y a déjà très, très longtemps. Je me suis retrouvé coincé là. Je croyais que j'étais

croyant de mon vivant, mais je ne sais pas ce que j'ai manqué, ce que je n'ai pas compris, bref, je suis là. Ils sont là eux aussi, et je fais comme eux. Cela me distrait. Mais eux aussi veulent partir dans la lumière. Priez pour nous, aidez-nous. Il n'y a plus personne qui prie pour nous. Maintenant, prenez le relais. Au fond, nous ne sommes pas méchants, nous passons le temps, c'est tout. Mais nous savons bien qu'il nous faudra partir, et ce sera peut-être grâce à vous.

Merci d'agir vite, pour le locataire comme pour nous. Ce que nous voulons le plus, c'est la PAIX.

Depuis, mes amies ont pratiqué le Reiki, et ces personnes semblent maintenant en paix. Il n'y eut plus de manifestations anormales dans cette maison.

Le traitement à distance

QUESTION 53 : Quel support représentant la personne faut-il utiliser pour un traitement à distance ? Est-il utile de répéter son nom plusieurs fois après avoir tracé les symboles d'Usui ?

RÉPONSE : Contrairement à d'autres systèmes, ce n'est pas tant le support qui est important dans l'approche du Reiki, mais l'intention, c'est-à-dire la conscience claire de ce que vous faites et à qui le soin est destiné. Vous pouvez utiliser une photo de la personne, ainsi que le proposait Mikao Usui (*shashin chiryo ho* – méthode de traitement avec l'aide d'une photo), ou vous en faire une image mentale, ou prononcer son nom à l'intérieur de votre esprit, ou encore prendre n'importe quel support extérieur. Ce ne sont que des aides relatives qui ne sont pas considérées comme des éléments indispensables à la pratique du Reiki. Vous pouvez donc très bien envoyer du Reiki à une personne consentante sans utiliser aucun support, simplement parce que vous l'avez décidé. Il m'arrive de faire ainsi sans même avoir jamais rencontré l'individu, du moment qu'il y est favorable ! À ce moment-là, la connexion s'établit directement à partir du troisième symbole, qui représente en fait la vraie nature et l'essence spirituelle de cette personne, dans une relation de non-séparation, de non-dualité. C'est sur les symboles *eux-mêmes* que vous devez centrer votre esprit, comme lors d'une méditation profonde dans laquelle les symboles d'Usui vous conduisent. Les symboles (ou simplement les *mantra* selon l'enseignement originel) sont là pour nous aider à changer notre vision et notre représentation du monde et de la personne soignée. Dans le Reiki, l'attitude intérieure, l'intention et la motivation sont plus importantes que la technique pure. Il s'agit principalement de se trouver dans une condition d'ouverture de cœur, de vigilance et de compréhension justes par rapport au soin effectué et à l'*invocation* des symboles/*kotodama*. C'est ce qui différencie le Reiki des autres approches de soins « à distance », où le support, en revanche, devient nécessaire, voire indispensable. On entre alors dans l'application d'une technique bien précise, avec des règles prédéterminées, ce qui n'est pas l'objectif du Reiki.

Comme je l'ai mentionné, si on l'estime utile, on peut utiliser une photo, ou imaginer la personne en esprit, bien présente entre ses mains, sans oublier de répéter trois fois consciencieusement le nom et le prénom du receveur, etc. Mais cela me semble tellement scolaire et artificiel. On peut pratiquer ainsi quand on « débute », mais on se rendra compte très vite que le véritable esprit du Reiki est bien au-delà de ces exigences. Cela fonctionnera tout aussi bien si, avec la simple intention qu'une personne de votre choix reçoive un soin, vous unifiez votre esprit avec les symboles et les *mantra* du Reiki, et lui en fassiez l'offrande [1].

---

1. J'ai proposé un jour à mes stagiaires de positionner les mains dans la position du *gasshô*, en imaginant la personne entre celles-ci durant tout le soin. Du fait de cette posture particulière, les paumes jointes,

Reiki, amour inconditionnel et acceptation de soi

QUESTION 54 : Je pense que le Reiki n'est réellement efficace que dans le cas où l'amour prédomine. Je remarque aussi bien souvent que le praticien souffre d'un manque évident d'amour ou d'estime de soi. Il a ensuite des doutes sur la qualité de son soin y compris sur son autotraitement. Dans ce cas, le Reiki est-il aussi effectif ?

RÉPONSE : Le Reiki ne serait donc « efficace » que dans le cas où seul l'amour prédomine ? Est-ce ici une simple question de formulation, ou faut-il penser qu'il faille être parfait et rempli d'un amour inconditionnel *avant* de pratiquer le Reiki correctement ?

Le Reiki utilise des initiations, des symboles et des *mantra*, et ressemble fort à ce que l'on trouve dans le vajrayana. Le vajrayana est aussi appelé le « chemin de l'aspiration ». Autrement dit, nous avons confiance que les choses (et soi-même) sont pures en essence, et nous *aspirons* à les voir ainsi. Le but de la pratique spirituelle est de se relier à sa nature primordiale, pure et parfaite. Elle sert à purifier également les vieux schémas et conditionnements qui nous empêchent de voir cette pureté fondamentale. Les méthodes mises en œuvre dans le vajrayana servent à purifier et à transformer notre expérience ordinaire limitée ainsi que notre vision dite *karmique*.

Je vais maintenant partager avec vous quelque chose de très intime : mon plus grand souhait dans le Reiki, c'est de parvenir au « laisser être », afin d'abandonner le « faire » en pratiquant. Mais un beau jour, durant un stage, j'ai expérimenté quelque chose d'assez inconfortable. En offrant un

---

l'impression a été très forte pour tous. Cela ressemblait à une prière sacrée, une dédicace, et ce fut un moment particulièrement béni. C'est désormais de cette façon que je pratique mes soins à distance, et je vous invite à l'expérimenter.

soin, je me suis vu en train de m'impliquer. C'est-à-dire que j'avais encore au fond de moi une « petite intention », ne pouvant lâcher complètement cette « saisie du soi », ce *moi/ego qui pratique le Reiki*, plutôt que d'être pratiqué *par* le Reiki, et plutôt que d'être dans l'ouverture du non-agir, la transparence parfaite, dont je parle tant.

Puis, en recevant, j'ai vu ce jour-là à quel point il m'a été difficile d'accepter ce que l'on m'offrait, de m'ouvrir vraiment, de lâcher toute les références, préférant rester dans le « contrôle » de soi, de l'autre, du Reiki, etc. Un sentiment bien étouffant, en vérité. Bien sûr, déjà voir cela, c'est se donner de l'attention et de l'amour à soi-même. Voir les schémas comportementaux, les peurs et les résistances que l'on porte en soi, est déjà un grand pas. C'est par là que l'on doit commencer : se voir et s'apprécier tel que l'on est, et ensuite arrêter de croire qu'on pourra recevoir d'une autre personne tout l'amour dont on manque. On sera le *seul* être à pouvoir se donner un tel amour. J'ai compris cela après quelques années de thérapie. Être un bon bouddha, ou un grand frère, ou un bon père pour soi-même. Avoir également du respect pour soi-même en tant que *bouddha potentiel*.

En clair, il n'y a pas de mal si l'on sent que l'on manque d'amour ou d'estime de soi. C'est justement pour cela que l'on est en chemin, et que l'on pratique le Reiki, qui va nous révéler à nouveau ce potentiel d'amour perdu. Si, lors d'un soin, on n'est pas amené à ressentir l'amour inconditionnel dont vous parlez, je propose alors de pratiquer le Reiki « en conscience ». Dans ce cas, si l'on manque de compassion, on peut offrir à la personne toute son attention, sa vigilance, sa présence et aussi l'apaisement de ses mains. L'amour véritable se développera sûrement en quiconque saura demeurer dans cette pleine conscience. L'enseignement bouddhiste tibétain parle en outre de développer la

« bodhicitta ». Selon le dalaï-lama, c'est agrandir l'horizon de son cœur et de son esprit…

> Ce que nous appelons obstacle est en vérité la façon dont le monde et toute notre expérience nous enseignent l'endroit où nous sommes coincés. Ce qui paraît être une flèche ou une épée, nous pouvons vraiment en faire l'expérience comme d'une fleur. Que nous ressentions ce qui nous arrive comme un obstacle et un ennemi ou comme un maître et un ami, dépend entièrement de notre perception de la réalité. Ça dépend de la relation que nous entretenons avec nous-mêmes.
>
> Péma Chödrön [1]

L'association japonaise et les praticiens occidentaux

QUESTION 55 : Pouvons-nous devenir membre de l'association japonaise de Reiki, et si oui, comment faut-il s'y prendre ?

RÉPONSE : Pour devenir membre de l'association d'Usui à Tokyo *(Usui Reiki Ryoho Gakkaï)*, il faut être parrainé par une personne qui en fait déjà partie. Cette association se veut très discrète et ne fait aucune publicité. Il me semble utile de préciser qu'il est préférable de maîtriser parfaitement le japonais et que jusqu'à présent, aucun étranger n'a pu y adhérer. Il semblerait même que l'association japonaise ne cherche pas à avoir de liens avec les enseignants de Reiki occidentaux, exception faite pour Hiroshi Doï, qui a accepté de se rendre à Vancouver pour nous rencontrer. C'était bien la toute première fois, dans l'histoire du Reiki, qu'un tel événement se produisit. Ce fut une grande fortune de m'être trouvé là au bon moment ! Mais sachez aussi qu'il y a eu d'autres maîtres japonais respectables qui n'ont appartenu à aucune association ou organisation. Usui ne voulait personne qui assume le rôle de « successeur », de « grand

---

1. *Quand tout s'effondre*, *op. cit.*, p. 97.

maître » ou de « président » après sa mort. Je pense que l'association était juste là pour permettre un rassemblement de pratiquants, autour d'une pratique semblable, comme une communauté de personnes engagées vers un même objectif. Mais il n'y avait aucune obligation d'y adhérer.

Le lâcher-prise

QUESTION 56 : J'ai une question concernant le lâcher-prise car j'ai lu beaucoup de choses à ce sujet, y compris les réponses que vous avez données dans votre dernier livre [1]. Mais je ne saisis toujours pas de quoi il s'agit, ni comment y parvenir ?

RÉPONSE : En fait, dans un premier temps, il ne s'agit pas d'atteindre le lâcher-prise à proprement parler, mais juste de prendre conscience de ses tensions. Le lâcher-prise vient ensuite, induit par la capacité à *percevoir*, c'est-à-dire *percer*, ou pénétrer, et *voir* celles-ci pleinement. Par exemple, si en ce moment même vous êtes tendu dans votre corps, ce n'est pas la peine de chercher à être relaxé d'une façon « forcée » et « artificielle ». Par contre, vous pouvez entrer en relation avec vous-même, et juste *prendre conscience*, autrement dit regarder et sentir où sont les tensions, sans essayer de changer quoi que ce soit. Soyez simplement attentif à l'expérience du moment, à ce que vous êtes, dans l'instant. Si vous sentez à quel point vos muscles sont tendus, percevoir uniquement cela suffit à ce que vous relâchiez la tension. Vous réalisez tout simplement que celle-ci est de trop et que ce n'est pas une façon naturelle d'être ni une bonne façon d'exister. En réalité, il n'y a pas tant à trouver un lâcher-prise particulier, mais plutôt à réaliser que

---

1. *Reiki, sagesse et compassion*, Éditions du Rocher, question 19 (p. 202) et question 20 (p. 205).

l'on est dans un état de tension. Prendre conscience de cela amène spontanément à la détente et au lâcher-prise. Je pense que c'est comme cela qu'il faut expliquer les choses, afin d'être relié à la réalité, à l'expérience intime, ainsi qu'à son vécu. Ensuite, ce que l'on a à faire, c'est de maintenir plus d'attention et de vigilance dans sa vie. Tout d'abord, on le fait par la pratique de la méditation, l'assise immobile, silencieuse et consciente (le « juste assis », selon l'expression du zen coréen [1]). Puis, petit à petit, cela s'étend à toute sa vie. Mais en premier lieu, il faut rentrer en relation avec ce qui est, quel que soit l'état qui est le sien, et en prendre pleinement conscience. Il faut se donner de l'ouverture, de l'espace, accepter de voir ce que l'on est. Cette manière tendre de se relier à soi-même, ce type de compassion envers soi, sera une des clés pour relâcher ce qui est tendu et apaiser ce qui est agité. Et cela se fera alors spontanément.

QUESTION 57 : Dans la pratique du Reiki, l'accent est mis sur ce lâcher-prise. Comment accepter le fait que nous n'avons rien de spécial à faire pour canaliser l'énergie de l'univers ? Cela semble tellement éloigné de notre système d'éducation basé sur l'apprentissage, l'acquisition, la volonté et l'effort. Est-ce alors une question de croyance ?

RÉPONSE : Lorsque vous prenez possession d'un ordinateur, il y a toute une série de préréglages qui ont été effectués. Certains logiciels indispensables au bon fonctionnement de l'appareil ont préalablement été installés, si bien que le simple fait de « cliquer » sur un fichier suffit à lancer l'application, spontanément, sans effort. Dans le contexte du Reiki, l'initiation que vous recevez ne relève pas de la simple croyance pour autant. Votre structure énergétique reçoit une forte empreinte, une mise en résonance, le « logiciel système » en quelque sorte, permettant d'être relié au

---

1. Lire à ce sujet Kusan Sunim, *La Voie du zen coréen*, Dharma, 1999.

plus profond de vous à l'énergie primordiale, de façon permanente, et sans « bug » à venir ! Cela ne demande donc pas d'effort ni de concentration particulière pour *ensuite* capter et canaliser celle-ci, puisqu'elle est déjà là, potentiellement. La juste attention et la présence à ce que l'on fait suffit. Maintenant, l'aspect caché de l'initiation est de révéler la condition de santé originelle, la nature de base fondamentale avec laquelle on va s'ouvrir au fil des pratiques. Il y a dès lors une dimension spirituelle dans le Reiki que ne possède pas un simple ordinateur. Mon rapprochement avec le monde informatique n'est peut-être pas si approprié !

Le Reiki, sa légalité et les sectes

QUESTION 58 : La pratique du Reiki de façon professionnelle est-elle légale en France ? Peut-on exercer sans pour autant être suspecté d'appartenir à une secte ?

RÉPONSE : Du moment que vous êtes légalement déclaré, inscrit à l'URSSAF, que vous payez vos impôts et que vous ne vous substituez pas au rôle du médecin, vous avez le droit de pratiquer et d'exercer le Reiki, notamment dans le cadre d'une profession libérale.

Par ailleurs, selon les articles 18 et 19 de la déclaration universelle des droits de l'homme, « toute personne a droit à la liberté de pensée, de conscience et de religion ; ce droit implique la liberté de changer de religion ou de conviction ainsi que la liberté de manifester sa religion ou sa conviction, seule ou en commun, tant en public qu'en privé, par l'enseignement, les pratiques, le culte et l'accomplissement des rites. Tout individu a droit à la liberté d'opinion et d'expression, ce qui implique le droit de ne pas être inquiété pour ses opinions et celui de chercher, de recevoir et de répandre, sans considération de frontières, les informations et les idées par quelque moyen d'expression que ce soit ».

Afin de donner une reconnaissance officielle au Reiki, notamment auprès de certaines caisses complémentaires d'assurance maladie, et d'éviter l'amalgame avec les sectes, certaines associations ont été créées. L'une d'elle, le CMERTIF [1], tente actuellement de regrouper la majorité des enseignants traditionnels de Reiki francophones. L'adhésion y est rigoureuse, et le choix des inscriptions, sélectif.

QUESTION 59 : Que répondre alors à ceux qui disent que le Reiki est une *secte* ? Comment leur donner confiance et leur montrer que nous sommes libres et non sous le joug d'un conditionnement ou d'une appartenance à un groupuscule occulte ?

RÉPONSE : Déjà, qu'ils commencent par le pratiquer ! Maintenant, je comprends et partage tout à fait les inquiétudes de certains. Vous pouvez soit ne rien leur dire et ne rentrer ainsi dans aucune polémique inutile, soit leur expliquer le contexte des origines du Reiki, sa méthodologie, le travail que l'on fait sur soi, et la non-appartenance à un groupe, quel qu'il soit. Mais il faut être prudent et cela est inutile d'entrer dans trop de détails. Pratiquez le Reiki, offrez leur un soin, cela vaut tous les discours. Dans mes stages, je dis parfois que je ne cherche ni à convaincre ni à convertir, encore moins à séduire. J'explique aussi que le Reiki ne consiste pas simplement en des mots mais que c'est une expérience intérieure, une expérience de silence qui débouche sur la connaissance de soi et qui développe la compréhension de sa vraie nature. C'est, en quelque sorte,

1. Cercle des maîtres enseignants Reiki traditionnel indépendants francophones, C/o Cosima Kaufmann, Caroline 19, 1227 Acacias-Genève, Suisse. Email : kaco@freesurf.ch.

apprendre à se connaître soi-même. Le Reiki stimule le potentiel d'énergie compassion contenu en chacun.

> Durant un stage de Reiki, l'essentiel c'est que notre cœur et que notre appréciation soient pleinement là.
>
> Don Alexander

Un jour, le père d'une jeune femme majeure me téléphona, m'exhortant de ne plus chercher à joindre sa fille, ni à lui envoyer de documentation (elle avait en effet reçu une lettre de ma part contenant un dépliant de présentation et les dates de mes stages, en réponse à sa demande de renseignements). J'ai tenté de dialoguer avec cet homme, mais il était particulièrement fermé, et a fini, à court d'arguments, par me raccrocher au nez. Je lui ai donc écrit quelques mots d'explication, car je trouvais ridicule d'en rester là, et s'il n'avait pas pris le temps de m'écouter, au moins prendrait-il le temps de me lire. Voici en substance ce que je lui ai dit :

> Voici une lettre que j'espère rassurante et explicative, pour faire suite à votre regrettable conversation lors de l'appel téléphonique de ce jour.
>
> Je dois vous dire que je partage votre inquiétude, et que je ne chercherai nullement à vous convaincre. Mais je me dois aussi de clarifier pour faire face à vos doutes.
>
> J'espère que vous serez apaisé et que vous saurez garder une certaine ouverture. Sachez aussi que, quelles que soient vos pensées, vos croyances et votre foi, je les respecte toutes.
>
> Vous êtes apparemment un bon père pour votre fille et, face à la même situation, j'aurais réagi de même pour mes propres enfants. Cependant, ne cédez pas à l'appréhension et ne privez pas votre enfant (qui est de plus majeure), de recevoir quelque chose qui sera sûrement très important pour elle et pour l'évolution de sa vie.
>
> Conseillez-la, parlez avec elle de vos doutes, de vos craintes, mais laissez-la décider par elle-même, et laissez-la, surtout, autonome dans ses choix. Ce sera, je pense, la meilleure aide que vous pourriez lui offrir. Témoignez-lui votre confiance et votre compréhension, mais ne lui imposez pas vos propres peurs.

Si elle décidait de suivre cette formation en Reiki, sachez que cela ne lui prendra que quelques jours en tout ! Je ne vois pas ici l'ombre d'un conditionnement, ou l'affiliation à un organisme douteux, voire une secte... Mais j'en conviens, actuellement, il est parfois difficile d'y voir clair et je partage vos inquiétudes.

Pour la petite histoire, cette jeune personne est quand même venue faire le stage. Elle a aussi déménagé, et elle est devenue complètement autonome depuis. Je n'ai plus eu de nouvelles de son père, qui est resté néanmoins sur ses doutes concernant le Reiki.

Le problème des « sectes » est lié à un phénomène de peurs. Les médias y sont pour beaucoup, et plutôt que de rendre la bonne information, les journalistes préfèrent parfois jouer sur l'émotionnel et le sensationnel. Encore une fois, plus que convaincre, il faut rassurer, en prenant soin de ne pas chercher à imposer ses propres convictions ni aller à l'encontre des opinions des autres. C'est cela qui est le plus important. Il nous faut persuader par l'exemple, par l'attitude, non par les mots seuls.

Je vous livre ici les réflexions d'un initiateur suisse qui mérite toute notre attention car elle permet de distinguer les pratiques sectaires des autres pratiques :

Dans la discussion actuelle au sujet des sectes, il est parfois aussi question des médecines douces et alternatives, souvent d'une façon polémique et peu différenciée. Une analyse objective de l'enseignement et de la pratique du Reiki démontre que cette méthode ne correspond à aucun des critères qui sont généralement appliqués pour définir une secte. Les plus importants de ces critères sont :

1. L'exclusivité : les adeptes doivent adhérer à un système de croyances qui est présenté comme la vérité absolue.
2. L'autorité : les adeptes doivent se soumettre à l'autorité d'un gourou, d'une hiérarchie ou d'une organisation.
3. Le contrôle : l'organisation contrôle le mode de vie des adeptes, par exemple, leurs relations, leurs activités, l'alimentation, etc.

4. L'engagement : les adeptes doivent fournir des contributions financières régulières, travailler et militer pour l'organisation.

Point par point, qu'en est-il en ce qui concerne le Reiki ?

1. Le Reiki n'est pas une religion ou un système de pensée, mais une méthode naturelle de soins au service de la vie. Sa pratique est indépendante de toute croyance ou appartenance religieuse : chaque pratiquant est libre de croire, penser et dire ce qu'il veut et de suivre ses propres convictions.
2. Le Reiki n'a pas d'autorité centralisée et n'est pas structuré sous la forme d'une organisation. Il n'y a personne qui revendique le statut d'autorité suprême ou unique. Les enseignants du Reiki sont indépendants et ne fonctionnent pas comme guides spirituels, mais simplement comme praticiens expérimentés de la méthode de soins qu'ils transmettent.
3. La liberté personnelle des pratiquants du Reiki, leur style de vie et leurs relations familiales sont respectés et entièrement laissés à la propre responsabilité de chaque individu.
4. En dehors du coût des stages de formation, comparable à ceux de formations équivalentes (massages et autres thérapies corporelles par exemple), aucune autre contribution, en espèces ou sous forme de travail, ni aucun autre engagement personnel, ne sont demandés aux pratiquants de Reiki [1].

Voilà qui a le mérite d'être très clair ! Maintenant, il est toujours possible que certaines sectes aient intégré le Reiki dans leur mouvement, ou que certains enseignants aient créé leurs propres sectes… Nous ne sommes pas à l'abri de cette dérive, et je conçois que cela finit par nuire à l'image du Reiki.

QUESTION 60 : Que dois-je rétorquer à ceux qui pensent que le Reiki est une vaste supercherie ?

---

1. Visarjana R. Gaensslen, *in Info-REIKI*, Les Auges, 1603 Grand-Vaux, Suisse. Cette revue était diffusée par une enseignante de Reiki Suisse, Barbara Chinta Strübin, auteur de plusieurs ouvrages sur le Reiki. Bien que la diffusion de cette revue ait maintenant cessé, il reste néanmoins la possibilité de se procurer d'anciens numéros à l'adresse mentionnée.

Réponse : Cela tient au fait que le Reiki a été parfois mal propagé et mal présenté au grand public. Je ne peux pas condamner une telle assertion, il y a du vrai, à en voir les publicités à caractère commercial, les formations soit trop rapides, soit manquant carrément de sérieux, et le nombre de participants trop important dans certains stages. Cela dit, il faut demander à ces personnes de rester ouvertes, et de ne pas tout rejeter d'un bloc. Le Reiki en tant que tel est pur et authentique, et il appartient à une honorable tradition spirituelle. C'est ce que l'on en fait qui révèle toute sa valeur ou qui, au contraire, le discrédite totalement. S'il est juste de développer un certain sens critique, on ne peut pas renier complètement une telle pratique. Sinon, il faudrait remettre aussi en question le sens des initiations sacrées telles qu'elles sont pratiquées dans le bouddhisme *shingon* japonais et le vajrayana tibétain, celles-là mêmes que transmet par exemple le dalaï-lama à travers le monde, avec toute l'intégrité religieuse qui est la sienne. Il faudrait remettre également en question les baptêmes des différentes traditions chrétiennes, les transmissions spirituelles de certains sages de l'Inde, comme celle du *shaktipad* (la transmission d'une énergie spirituelle, selon le shivaïsme du Cachemire), les sacrements, etc. Je n'ai jamais vu qui que ce soit revenir voir son pasteur, le traiter d'escroc ou d'appartenance à une secte, sous prétexte que l'on n'adhère plus à la foi qu'il prône et qu'on remet en doute le baptême qu'il nous a donné. A-t-on jamais pu prouver scientifiquement un baptême ? Et cela lui enlève-t-il toute sa valeur pour autant ?

Le Reiki, la science et la médecine

Question 61 : Peut-on expliquer *scientifiquement* le Reiki ?

RÉPONSE : D'autres que moi se sentiraient plus à l'aise pour le faire. Je ne possède pas d'éléments suffisants pour m'aventurer dans cette direction. Einstein disait que « la théorie, c'est quand vous savez tout mais que rien ne marche. La pratique, c'est quand tout marche, mais nul ne sait pourquoi ». Voilà une bonne réponse !

Mikao Usui, quant à lui, avait répondu ceci : « Des érudits et des savants sont en train d'étudier ce phénomène [le Reiki], mais il a été difficile d'arriver à une conclusion qui soit basée sur la science médicale. Mais j'ai la croyance que ce jour viendra. »

Tant que nous croyons, le meilleur reste à venir. J'ai bon espoir que le Reiki soit un jour associé aux traitements médicaux classiques.

QUESTION 62 : Justement, on observe une transformation réelle chez ceux qui appliquent le Reiki. On pourrait donc le définir d'un point de vue médical ?

RÉPONSE : Je ne sais pas si le corps médical serait vraiment d'accord pour cela, en France tout au moins. Il n'est pas encore prêt. Sinon, on aurait permis et autorisé l'introduction du Reiki dans les milieux hospitaliers, comme c'est le cas aux États-Unis ou en Grande-Bretagne. On se serait soumis à des études comparatives, des analyses, des tests. Mais cela risquerait de remettre en question tout le système. Vous imaginez, pour peu que les personnes malades le soient moins avec le Reiki, ou même guérissent ? Le corps médical perdrait d'une part sa suprématie, son autorité et, d'autre part, le contrôle sur les patients. Mais bien sûr, je ne fais référence ici à aucun enjeu pharmaceutique, ni politique ni même financier… Je me demande parfois, malgré les apparences, les recherches médicales à grands renforts médiatiques, les fonds débloqués, etc., si l'on a vraiment envie que les gens guérissent. Le Reiki reste, et sûrement doit-il le rester, une façon empirique et complètement atypique de soigner.

Ce n'est sûrement pas très médical comme explication si je vous dis que le Reiki nettoie les blocages dans les canaux d'énergie. Il redonne de la force, du *ki*. Il enlève les tensions et les limitations de l'esprit. Il amène de la lumière jusque dans les cellules (car chaque cellule est reliée à la Totalité et possède elle aussi la nature de Bouddha !). Le Reiki apporte la paix, la joie, l'amour et l'équanimité dans notre vie, notre corps et notre esprit. Les personnes traitées deviennent tolérantes et accueillent plus facilement les situations difficiles. Certains développent une grande reconnaissance face à la vie. Tulku Thondup dirait, dans un contexte différent de celui du Reiki, que l'on développe des habitudes de paix pour ses prochaines vies. Non seulement dans cette vie-ci, mais on pose les fondations de guérison pour les vies suivantes. Durant son séminaire, il parlait également d'éveiller un corps de lumière... Mais je crains que tout cela soit très éloigné de la science médicale, n'est-ce pas ?!

QUESTION 63 : J'apprécie beaucoup le Reiki d'une façon général et l'apaisement qu'il me procure, mais j'ai le sentiment parfois que d'autres approches de psychothérapies corporelles et émotionnelles me soient plus appropriées, où j'ai l'impression d'obtenir de meilleurs résultats, sans renier le Reiki pour autant, bien au contraire...

RÉPONSE : Il ne faut pas chercher à comparer. Le Reiki est le Reiki et il est totalement complet en lui-même. Telle thérapie convient mieux à telle personne, ou à tel moment de son évolution. Il semble que ce soit la personne elle-même qui fasse en sorte qu'une thérapie marche davantage, et non la thérapie en tant que telle. Il doit s'agir sûrement d'un choix inconscient. Prenez simplement ce qui vous convient en restant conscient que c'est vous qui créez votre réalité (extérieure et intérieure). Certains ont besoin de plus de temps pour aller jusqu'au bout de leur histoire personnelle. La thérapie, et le thérapeute que l'on choisit deviennent en réalité le miroir de ce que l'on est. Cependant, la dimension particulière du Reiki le place au niveau d'une « thérapie spirituelle ». Il est similaire à une pratique de méditation dont l'application est censée, ultimement, vous mener jusqu'à l'éveil final. Même si plusieurs individus accomplissent la même pratique, certains s'éveilleront plus vite, en fonction de leur karma, de leur conditionnement, de leur potentialité respective, etc. Cela dépend donc de la personne et non de la technique de méditation en tant que telle. Cela est vrai pour le Reiki, qui est une thérapie de l'âme. Chacun avance selon ses moyens. Rappelons aussi que le Reiki peut devenir un excellent soutien de thérapies, médicales ou psychothérapeutiques.

Une de mes stagiaires m'a donné une indication intéressante : elle estimait que les personnes ne laissaient pas forcément entrer cent pour cent de Reiki et, qu'alors, un supplément de thérapie pouvait s'avérer un complément utile.

Le soin à deux ou à plusieurs

QUESTION 64 : Comment gérer correctement un soin Reiki lorsque l'on pratique à deux (ou à plusieurs) pour une personne soignée ?

RÉPONSE : Il faut savoir que, même à deux, les positions des mains resteront les mêmes. Une personnc sera à la tête, alors que l'autre s'occupera du thorax et de l'abdomen. On peut considérer que celui qui s'occupe de la tête est en quelque sorte le « chef d'orchestre », décidant à quel moment il est temps de déplacer les mains pour la position suivante. Cela n'empêche pas de se consulter, par un échange de regard et d'une façon non verbale, afin d'estimer si c'est le bon moment, pour les praticiens, de modifier une position. Le dos, ainsi que les jambes et les pieds seront couverts de part et d'autre par les deux donneurs, se faisant face. Cette façon de pratiquer développera la vigilance, l'attention ainsi que la coordination avec un autre praticien. Lors de nos réunions hebdomadaires d'échange de Reiki, je remarque à chaque fois combien cela renforce les liens entre les différentes personnes, donneurs et receveurs. Le sentiment du partage est très fort pour tous. Parfois nous nous retrouvons trois ou quatre personnes à offrir du Reiki en même temps. La sensation est alors très grande pour celui qui est allongé. Là aussi, il convient de rester synchrones, afin de ne pas offrir une séance désordonnée. Je conseille que ce soit un pratiquant du second degré qui siège à la tête, et que le déplacement des mains se fasse seulement lorsqu'il décide de changer de position. Ceux qui traitent les jambes ne devraient ôter les mains que lorsque le soin est complètement terminé, et c'est la personne qui est aux pieds qui enlèvera ses mains en tout dernier, pour le plus grand confort du receveur. Il est bon de développer une certaine qualité dans le toucher et la relation à la personne traitée. Par exemple, avant même de commencer un soin, je propose de toucher d'abord les épaules du receveur, afin d'entrer en relation avec lui et de favoriser une prise de contact pleine de douceur et de respect. C'est seulement ensuite que l'on couvrira ses yeux. Durant le soin sur le visage, soyez attentif à ne pas toucher les ailes du nez : cette zone est sensible et peut démanger rapidement, et surtout, tournez votre visage sur le côté, afin de ne pas créer d'inconfort avec le souffle de votre respiration. Ce sont juste quelques petits détails pour accroître le repos et l'agrément de la personne traitée. Vous apprécierez quand ce sera votre tour d'être allongé !

Je tiens à rappeler une pratique que certains mettent assez peu en application : le traitement court, assis sur une chaise.

Dans certaines de nos soirées d'échanges, il y a parfois tellement de monde, que nous sommes amenés à pratiquer ainsi, par manque de tables de massage. Il ne s'agit pas d'une pratique de « relaxation » en tant que telle car la personne n'est pas allongée comme précédemment, mais plutôt d'un soin d'une grande valeur thérapeutique. La personne est donc assise sur une chaise, le dos droit, en restant bien consciente, ouverte et en éveil. L'objectif du traitement rapide est d'amener l'énergie directement au niveau des différents centres de conscience, ou *chakra*. Vous pouvez l'adopter si vous manquez de temps, ou en situation de crise. Tout d'abord, vous posez les mains quelques instants sur les épaules du receveur afin d'entrer en relation avec lui et permettre la prise de contact avec cette personne. Le soin conventionnel se déroule ensuite ainsi :

1. Posez les mains sur le sommet du crâne (septième *chakra*).
2. Posez une main sur le front, l'autre à l'opposé, derrière la tête (sixième *chakra*).
3. Posez une main sur la gorge, l'autre à la base de la septième cervicale (cinquième *chakra*).
4. Posez une main au milieu de la poitrine, l'autre à la même hauteur sur le dos (quatrième *chakra*).
5. Posez une main au niveau du plexus solaire, l'autre à l'opposé sur le dos (troisième *chakra*).
6. Posez une main en dessous du nombril, l'autre à la même hauteur sur le dos (deuxième *chakra*).
7. Posez une main au niveau du pubis, l'autre au bas des fesses (premier *chakra*).

On peut également poser les mains sur les genoux, puis sur les pieds, pour favoriser un enracinement plus important et ancrer la personne avec la terre. Chaque position sera maintenue environ cinq minutes. C'est juste une suggestion et ce sera à chacun, selon le contexte, d'adapter le temps d'imposition des mains.

Mais il y a une autre pratique que j'affectionne particulièrement et dont j'ai eu l'inspiration et la profonde envie de mettre en application récemment. Je l'ai nommée le traitement Reiki des trois « champs (ou rizières) de cinabre » : *tanden* supérieur, médian et inférieur. Cette pratique consiste à associer respectivement les trois symboles du second degré avec les trois *tanden* : le troisième symbole (connexion) avec le « champ de cinabre supérieur » (le centre de la conscience dont le siège est dans la tête). Ici, le sommet du crâne, le *mandala de grande félicité*, ou le centre entre les sourcils – le ciel, l'esprit.

Placez les deux mains sur le sommet du crâne. Visualisez le symbole correspondant tout en répétant de nombreuses fois le *mantra* associé à celui-ci. Restez ainsi le temps nécessaire.

Puis, le second symbole (harmonie) avec le « champ de cinabre médian » (le centre de la vie, au niveau du cœur/plexus solaire – l'âme, l'essence).

Placez une main sur le *chakra* du cœur et l'autre à l'opposé sur la vertèbre dorsale. Visualisez le symbole correspondant tout en répétant de nombreuses fois le *mantra* associé à celui-ci. Restez ainsi le temps nécessaire.

Et enfin, le premier symbole (focalisation) avec le « champ de cinabre inférieur », la « mer de l'énergie » (le centre de la forme, en-dessous du nombril *(seika tanden)* où siège l'énergie vitale – la force intérieure, la puissance).

Placez une mains sur la zone en dessous du nombril, et l'autre à l'opposé sur la vertèbre lombaire *(koshi)*. Visualisez le symbole correspondant tout en répétant de nombreuses fois le *mantra* associé à celui-ci. Restez ainsi le temps nécessaire.

Cette pratique a été développée en relation avec la compréhension des trois symboles du Reiki et des trois centres énergétiques de l'homme selon l'énergétique chinoise :

– troisième symbole : l'esprit du rayonnement solaire – la lumière ;

– deuxième symbole : l'esprit du rayonnement lunaire – l'amour ;

– premier symbole : l'esprit du rayonnement terrestre – la force :

> Le champ de cinabre supérieur localisé dans la tête.
> Le champ de cinabre médian près du cœur.
> Le champ de cinabre inférieur en dessous du nombril.
>
> K'o-hong

Cette pratique aidera quiconque à devenir un *samouraï du Reiki*, incarnant la force spirituelle, l'amour tendresse et la sagesse connaissance véritables. Il est aussi possible d'adapter cette pratique lors de l'autotraitement (en laissant simplement les mains sur le devant du corps au niveau des centres correspondants), ou lors d'un travail plus méditatif et intérieur, en visualisant cette fois les symboles, en faisant résonner le son des *mantra* et en ressentant la présence de l'énergie au niveau des trois centres respectifs, tel qu'évoqué dans la procédure ci-dessus.

Sachez enfin que les positions originelles d'Usui ne se pratiquent que sur la tête, la personne étant assise [1]. C'est ce

1. Au sein de l'enseignement de l'*Usui Teate*, on ne parle plus de positions de mains, mais de *« mudra »*, c'est-à-dire de gestes sacrés. Cela est en relation avec un Binzuru Sonja (Pindala Bhavadvâja), l'un des bodhisattva dont Usui fit l'étude et utilisa les *mudra* comme positions des mains pour ses traitements (les *mudra* sont devenus les cinq positions de mains pour le traitement de la tête. Celles-ci ne forment en

que confirme son manuel des positions de mains *(Ryoho Shishin – indications pour la méthode de soin)*. Le soin en lui-même dure environ une demi-heure, en comptant trois à cinq minutes par position. Voici comment il s'y prenait : il traitait en premier le front, à la racine des cheveux *(zento-bu)*. On pouvait compléter ici avec la méthode du *nentatsu ho* (affirmation silencieuse, où l'on adresse un message pur au subconscient du receveur) ou pratiquer les *kotodama*, les sons sacrés. Puis, il traitait les tempes *(sokuto-bu)*. Ensuite, il agissait derrière la tête, entre le sommet du crâne et le trou occipital *(koutou-bu)*. Il poursuivait avec le soin du bulbe rachidien/occiput et la nuque *(enzui-bu)*. Et enfin, il terminait avec le sommet du crâne *(toucho-bu)*. Il pouvait éventuellement compléter, mais seulement après le soin de la tête, avec le traitement des zones à problème. C'est ce que préconisent certains maîtres Reiki japonais. En premier, vous devez toujours traiter la tête, le système nerveux central. Si vous manquez de temps pour parfaire toutes les positions du corps, c'est la tête qu'il vous faut privilégier. Si maintenant vous manquez encore plus de temps, alors il est possible dans ce cas de ne traiter que la zone à problème. Un autre point important, et aimé de Mikao Usui, est le centre du *tanden* (ou *hara*), à trois largeurs de doigt en dessous du nombril (qui correspond aussi au second *chakra* de l'énergétique indienne). C'est un centre vital important où siège le *ki*, l'énergie, et il représente une source de guérison très précieuse. Beaucoup de pratiques internes utilisées dans le Reiki, ainsi que certaines façons de traiter sont reliées au

---

fait qu'un seul *mudra* et doivent toujours être pratiquées ensemble). Ô Bunzuru-san fut un disciple du Bouddha renommé pour ses pouvoirs, notamment celui de soigner et guérir toutes les maladies. Les positions du Reiki appellent ainsi l'aide du bodhisattva.

tanden. Dans son manuel de positions [1] concernant le traitement de nombreuses pathologies, Usui démontre clairement l'importance d'agir sur ce centre énergétique (*tanden* = le réservoir de la force vitale ou champ de l'énergie intrinsèque, ou encore, rizière du cinabre, océan du *ki*, expressions qu'utilise la médecine énergétique chinoise).

Pour en revenir enfin au soin assis, tel qu'évoqué ci-dessus, il est important de remarquer l'état méditatif dans lequel on se trouve en recevant le soin. Cela est permis par la posture verticale, soit assis sur les genoux *(seiza)*, soit jambes croisées sur un coussin de méditation *(zazen)*, ou encore sur une chaise le dos bien droit. On parle souvent de l'état intérieur de celui qui pratique le Reiki, mais on mentionne en fait assez peu la disposition mentale de celui qui reçoit. Car si la position allongée est relaxante et entraîne un repos profond, la posture assise, en revanche, apporte la vigilance et l'attention aux processus internes, identiques à ce qu'on observe en méditation. On peut parler ici d'une véritable thérapie de conscience. C'est comme cela que j'aime recevoir un soin, et je vous invite à en faire vous-même l'expérience. Il est fort probable que cette pratique assise ait un nouvel impact sur votre expérience du Reiki.

Lors d'un échange avec un groupe de stagiaires, nous avons commencé la soirée par une assise méditative silencieuse. Puis, de cet espace de silence et d'ouverture dans lequel chacun se trouvait, nous nous sommes traités mutuellement, deux par deux. Le fait d'avoir médité auparavant et de garder la même vigilance durant le soin a eu un effet encore plus puissant sur les pratiques échangées. Chacun a pu ensuite en témoigner la profondeur. D'une façon

1. Voir à ce sujet l'excellent livre très documenté de Frank Arjava Petter, *The Original Reiki Handbook of Dr. Mikao Usui*, Lotus Press – Shangri-la Publications, 1999.

générale, si le receveur est lui-même un praticien du Reiki, on peut en plus lui suggérer de demeurer en position du *gasshô*, les mains jointes devant son cœur. L'impact en sera encore plus grand. Au Japon, on considère qu'un soin de Reiki équivaut à recevoir une bénédiction spirituelle, et cette posture prédispose à l'accueillir avec l'ouverture du cœur qu'il se doit.

L'attitude intérieure du praticien

QUESTION 65 : Pouvez-vous nous parler encore de l'attitude intérieure du donneur, le comportement juste à trouver, celui qui vient du cœur ?

RÉPONSE : La pratique proprement dite commence avant même de poser ses mains sur la personne qui reçoit. Vous devez créer un espace sacré pour offrir vos traitements. Ce que je fais moi-même, afin de me centrer, c'est de joindre les mains un instant face au cœur, dans la posture dite du *gasshô* [1]. Ce geste exprime une attitude de respect, d'ouverture, de confiance et d'abandon. Une attitude nourrie par la gratitude, l'appréciation et la reconnaissance que l'on éprouve envers le Reiki. Je ressens cela à l'intérieur de moi, et je garde ce sentiment durant ensuite toute la séance. C'est une gestuelle qui induit le lâcher-prise et favorise l'état de canal dans lequel on se trouve en pratiquant le Reiki [2]. Les deux mains ainsi réunies expriment une symbolique très profonde. C'est un geste que tous les Orientaux ont adopté,

---

1. Voir l'illustration en page de couverture.

2. Cette pratique est une partie de la méthode appelée *gasshô kokyu ho*, enseignée dans le stage *okuden kouki* du second degré du Reiki Usui. Quand on la maîtrise, enseignait Hiroshi Doï, on devient capable de disperser les pensées négatives et de ramener l'esprit dans l'état d'« être en soi ». On développe également la sensibilité dans les mains ainsi que l'intuition.

ne serait-ce que pour dire bonjour ! Vous avez sans doute vu, en direct ou à la télévision, le dalaï-lama joindre ses mains de cette façon, arborant un immense sourire sur le visage. Vous pourriez faire de même avant de commencer une séance de Reiki. Mais pour éviter toute démonstration qui pourrait sembler superflue à certains, on peut simplement poser ses mains sur son cœur.

> Tenez-vous en méditation près de la personne assise à vos côtés. Souvenez-vous que la guérison est une pratique spirituelle et méditative. Devenez continuellement conscient de ce que vous faites et ne permettez pas à vos pensées de vagabonder.
>
> Chaque position sur le corps est appliquée d'une manière consciente, et cette pleine attention est accompagnée d'une absence totale d'attente ou d'espoir sur ce qui adviendra. C'est cela qui fait que le système d'Usui diffère de la plupart des autres arts de guérison par l'énergie.
>
> Mikao Usui

Puis, selon les circonstances, je me relie durant la séance aux différents symboles du Reiki, comme un moyen de m'aligner encore davantage et d'invoquer les forces de guérison universelles. Parfois, je reste simplement établi dans un silence intérieur, totalement présent avec la personne soignée. Je ressens combien une telle pratique est un acte profondément sacré. Je voudrais pouvoir exprimer cela plus précisément, mais je suis conscient qu'aucun mot ne peut réellement traduire un tel sentiment. Cet état d'esprit est progressivement révélé par la pratique du Reiki, car nous nous relions à une qualité d'énergie extrêmement pure. Pour simplifier, « Rei », c'est l'étincelle d'éveil, et « Ki » représente l'énergie. « Rei-ki » signifie ainsi « l'Énergie de l'éveil ». Vous ne vous reliez donc pas à n'importe quelle sorte d'énergie. Être le serviteur d'une telle force vitale devient une pratique spirituelle et sacrée. Il faudrait dès lors que l'on prenne conscience de cela en pratiquant. En ce sens, les initiations et les symboles *(kotodama)* nous sont d'une grande aide.

Question 66 : Pratiquez-vous aussi cela avant de commencer un séminaire, lorsque tous les participants sont réunis dans la salle ?

Réponse : Cela dépend ! Avant de commencer un séminaire, bien souvent, je demeure simplement silencieux. J'écoute le silence à l'intérieur de moi, et je le partage ensuite avec le reste du groupe. C'est l'occasion pour moi de rencontrer toutes les nouvelles personnes *à partir* de ce silence particulier. Loin d'être coupé des autres, c'est un moyen d'*être* pleinement avec eux. Un tel silence méditatif permet de se trouver soi-même et de rencontrer les personnes là où elles se trouvent. Le Reiki m'amène à découvrir une certaine qualité de présence. Présence à soi-même et aux autres. Une présence sans « soi », une présence de l'instant. C'est ainsi un moyen d'offrir de l'énergie à chacun. Car on peut transmettre du Reiki sans rien faire de spécial : pas de mains à poser, pas de symboles à tracer ni d'initiations à donner. Juste *être*, pleinement présent. Cela représente l'essence du Reiki !

Parfois aussi, je mets les personnes à l'aise, je plaisante avec elles. L'humour est un facteur d'échange et de communication merveilleux, très important. Nous rions quelquefois beaucoup dans mes stages. Il m'arrive même de faire le pitre ou de prendre l'accent chinois !

La maladie, la guérison, l'essence du Reiki

Question 67 : J'ai souffert d'une grave maladie, mais je suis maintenant guéri. Cependant, j'ai par moments un doute et une peur qu'elle ne réapparaisse, bien que je pratique régulièrement le Reiki. J'ai aussi conscience que l'on crée sa réalité par la force de ses pensées, et j'ai le sentiment que les miennes ne sont pas tellement positives, puisque nourries par de l'appréhension…

RÉPONSE : Accueillez cette peur comme étant quelque chose de naturel et de justifié, face à l'épreuve qui a été la vôtre. Ne la réprimez pas. Sachez la regarder, y faire face, la rencontrer. Laissez-lui sa « juste » place, mais pas plus. Cette peur à elle aussi son mot à dire, elle doit être entendue comme il se doit, mais faites en sorte qu'elle ne vous envahisse pas pour autant. Sachez rester centré, grâce à la force intérieure que vous prodigue vos séances de Reiki. Chaque traitement de Reiki, chaque soin reçu seront comme une reprogrammation de votre corps, de toutes vos cellules et même de vos pensées. Avec vos mains Reiki, vous transmettez de la *lumière*, littéralement ! Comprenez également que vous ne pouvez servir deux maîtres à la fois. Lorsque vous êtes en relation avec le Reiki, c'est votre nature de perfection et de santé intrinsèque que vous contactez. Il n'y a alors plus de place pour le doute, la peur et l'échec. Actualisez cela en vous-même. Abandonnez-vous à cette vérité, et peu à peu, la certitude et la confiance feront place à l'inquiétude et à l'anxiété. La méditation aide en outre pour retrouver un état de paix et d'harmonie originelles. Prenez du temps pour rentrer à l'intérieur de vous-même. Réalisez et ressentez que même si vous avez des doutes et des peurs, vous êtes en mesure de vous accepter tel que vous êtes, de vous aimer et de vous pardonner, profondément et complètement.

Hiroshi Doï nous avait enseigné ceci : « S'il arrive que vous expérimentiez un déséquilibre émotionnel, qui peut être un sentiment négatif comme de la colère, de la tristesse ou de la peur, remplissez alors votre être entier avec le Reiki et n'ayez aucun doute. Il n'est pas nécessaire de dire quelque chose comme "ma pensée négative est complètement purifiée". Ressentez simplement cette énergie de lumière du

Reiki et votre négativité sera nettoyée. Ceci, parce que l'obscurité et la lumière ne peuvent coexister [1]. »

QUESTION 68 : Comment comprendre le fait que le Reiki ne guérisse pas, parfois littéralement, la maladie ? Quel est le sens de celle-ci ?

RÉPONSE : Le maître japonais Haruchika Noguchi, qui enseignait non la pratique du Reiki mais celle du Yuki et du Seitai [2], expliquait que la maladie était quelque chose de naturel et que grâce à elle, l'organisme retrouvait peu à peu son équilibre originel.

> Petit à petit, Noguchi sentait germer en lui l'idée que la maladie n'est peut-être pas une chose complètement inutile, un obstacle dont il faut absolument venir à bout. Il a observé attentivement le cas de chacun de ses clients. Il a constaté que les gens ne tombaient malades ni par hasard, ni tout d'un coup, mais que l'organisme se trouvait auparavant dans un état tel qu'il ne pouvait pas éviter de passer par là. Il a constaté aussi qu'une fois le passage effectué, l'organisme se débarrassait de ses fatigues antérieures et recouvrait une force nouvelle.
>
> Un corps qui ne tombe jamais malade est un corps paresseux. La maladie est une chose naturelle, c'est un effort de l'organisme qui tente de récupérer l'équilibre perdu [3].

Cette approche me semble très intéressante, car il y a comme une logique qui s'exprime ici et dont il faudrait

---

1. Hiroshi Doï, *Iyashi no Gendai Reikiho* (non traduit en français). Une version anglaise de son ouvrage nous a été donnée durant notre séminaire à Vancouver.

2. Haruchika Noguchi était contemporain de Mikao Usui, et sans doute se sont-il connus, car ils ont œuvré, avec leur méthode respective, lors du grand tremblement de terre qui secoua Tokyo en 1923, bien que Noguchi fût seulement âgé de 12 ans à ce moment-là. La pratique du « yuki », ou « ki heureux », qu'enseignait Noguchi, semble basée sur une pratique d'énergétique interne et respiratoire connue du chi-kong taoïste. Vous pouvez retrouver son enseignement dans les ouvrages de Itsuo Tsuda, parus au Courrier du Livre.

3. Itsuo Tsuda, *Le Dialogue du silence*, Le Courrier du Livre, 1979, pp. 20 et 64.

respecter le message et la fonction. Noguchi parlait de certaines maladies, les rhumes par exemple, qui servaient de *régulateurs naturels* de l'organisme. Je me souviens de l'une de mes rares grippes qui a été la source d'un nettoyage profond à la fois physique et psychologique. Un état fébrile passager fait tomber nombre de résistances et facilite l'ouverture du cœur et une attitude plus compatissante. S'agit-il alors d'un simple et banal rhume, ou d'une expérience mystique et méditative ? Certains médecins, homéopathes principalement, affirment par exemple que la grippe a le pouvoir de brûler jusqu'à certaines cellules cancéreuses (à ce propos, savez-vous qu'un bon médecin soigne une grippe en sept jours, et qu'un mauvais médecin la traite en une semaine ?...). Dans un cas comme celui-ci, le Reiki va accompagner le processus en cours, en respectant la logique du travail effectué. Le Reiki ne guérira pas coûte que coûte une personne malade sur le plan physique. Souvenez-vous que l'approche particulière du Reiki est de promouvoir le retour à l'équilibre originel, et non de guérir la maladie ou d'éradiquer les *mauvais virus*, ou encore de faire disparaître les symptômes. C'est une personne dans son déséquilibre corps-âme-esprit qui est soignée, et non la maladie en soi. À travers le soin du corps, c'est en fait toute la conscience qui est traitée. Chaque parcelle du corps représente un aspect de la conscience, une mémoire à atteindre et une histoire à libérer. Je ressens cela de plus en plus. J'ai profondément conscience qu'en touchant le corps, je me relie à quelque chose de beaucoup plus profond, bien au-delà des cellules, et qu'à travers celui-ci, c'est l'âme de la personne soignée qui est atteinte.

Il m'arrive parfois de dire à certaines personnes que j'ai deux nouvelles à leur communiquer : une bonne et une mauvaise. La mauvaise, pour commencer, c'est qu'ils ne guériront pas dès demain, ni même dans le futur. Mais la bonne, c'est que cette guérison qu'ils recherchent est déjà là, constamment, au plus profond d'eux-mêmes ! Le soleil de la guérison a juste été caché par les nuages de l'ignorance.

> La maladie est un phénomène très complexe. Elle est le signe que, à un endroit donné, notre flux énergétique est bloqué ou déséquilibré. Elle cherche à nous démontrer qu'une certaine partie de nous-mêmes a besoin d'attention et d'amour. Mais comme nous sommes attachés au plaisir, nous ne sommes pas prêts, ni capables de la comprendre et de lui être reconnaissants de nous le rappeler. Au lieu de cela, nous avons appris à juger la maladie comme moralement mauvaise. Nous essayons de l'éviter ou de nous en débarrasser à tout prix et aussi vite que possible [1].

Je connais des personnes qui méditent depuis plus de trente ans, bien qu'aucune d'elles n'ait atteint l'éveil spirituel. Pas une cependant n'a affirmé que la méditation n'avait aucune valeur sous prétexte qu'elles n'avaient pas atteint la libération dans cette vie. Elles se savent en chemin, et font confiance à la validité de leur pratique, quels que soient leurs niveaux d'expérience. Il en est bien souvent de même avec le Reiki. C'est une pratique quotidienne de mieux-être et de confort. Les transformations sont parfois lentes, subtiles mais certaines. Chacun porte aussi une histoire, un handicap ou un karma différents. Il est donc normal que le Reiki, la méditation, ou n'importe quelle pratique spirituelle, aient un effet différent selon les personnes.

QUESTION 69 : Comment expliquer que certaines personnes soient encore malades, ou ont de sérieux problèmes dans leur existence, même si elles ont elles reçu l'initiation au Reiki et se donnent régulièrement des soins ?

RÉPONSE : La médecine tibétaine va nous apporter ici un éclairage intéressant. Elle parle de trois aspects complémentaires et indissociables : la *force vitale (tsé)*, les *mérites*

---

1. Frank Arjava Petter, *Feu de Reiki*, Niando, 1999, p. 88.

accumulés *(seunam)* et ce qu'on appelle la *continuité de vie (sok)*, c'est-à-dire la fonction vitale, quand tous les éléments marchent ensemble de façon cohérente. Si l'un de ces composants vient à être déficient, il s'ensuit des problèmes dans sa vie, ses relations, son corps et/ou son esprit. Par exemple, une initiation transmise de façon incorrecte (notamment celle qui inclut des *symboles* n'appartenant pas au système originel d'Usui [1]) peut perturber chez certains le système énergétique et le schéma de vie, par l'empreinte qu'elle laisse sur le corps subtil. Des obstacles peuvent subitement apparaître dans la vie d'une personne alors que rien ne le laissait présager. Pour illustrer davantage cela, si le *sok* d'une personne est perturbé, elle pourra se fracturer tous les os de son corps simplement en tombant d'un trottoir de trente centimètres, alors qu'un autre individu ayant une « fonction vitale » correcte aura tout juste une égratignure, même s'il venait à chuter d'un arbre. Quand bien même nous posséderions une excellente force vitale et tous nos éléments en parfaite cohésion, cette fois, du fait d'un manque de

1. Il ne s'agit pas d'affirmer ici qu'une école traditionnelle de Reiki est meilleure qu'une autre. Elles sont identiques dans leur essence, si toutefois elles font bien référence à l'enseignement transmis par Usui à ses différents élèves et ceux qui leur ont ensuite succédé. Le point est plutôt de vérifier si l'enseignement proposé est authentique et, au-delà de quelques différences, semblable à l'enseignement originel d'Usui. Dans le cas contraire, il faut que l'enseignant, par souci d'honnêteté, ne mélange pas le nom *Reiki* avec une autre approche. On voit, depuis quelque temps, le mot « Reiki » associé et amalgamé à d'autres techniques et systèmes non reconnus par le Japon comme étant « traditionnels » (*Reiki karuna*, *Reiki élargi*, *Reiki raku-kei*, *Reiki tera-maï*, *Reiki seichem*, *Reiki tibétain*, etc.), alors que celui-ci défini un enseignement bien précis et spécifique, avec un protocole d'initiations rigoureux, mais non rigide pour autant. « Rien n'est plus authentique que ce qui est originel », écrit Frank Arjava Petter dans *The Original Reiki Handbook of Dr. Mikao Usui*. De ce point de vue, si vous pratiquez vraiment le pur Reiki, vous n'avez besoin d'aucune technique complémentaire.

mérites dû à un karma négatif passé, certains obstacles pourraient s'élever dans notre existence, nos relations ou notre santé physique et mentale. Beaucoup de facteurs sont interdépendants, reliés entre eux et il peut y avoir des causes multiples à nos souffrances, qui siègent toutes fondamentalement dans l'esprit. Celui-ci est comme le créateur de notre existence et à l'origine de tout le karma passé.

> C'est ainsi que se déroule le karma : une petite cause produit des effets parfois considérables et prolongés. C'est ça le samsâra, l'activité ininterrompue des cinq poisons. Le samsâra est une courge : petite graine, très gros fruit, visible de loin ! Et pourtant, certains ne l'ont pas encore aperçu…
>
> Kunzang Péma Namgyèl [1]

Cette notion du karma est difficile à saisir. D'un point de vue absolu, il n'y a ni karma, ni libération ; ni samsâra, ni *nirvana*. Il n'y a pas d'actes nuisibles ou positifs. Mais d'un point de vue relatif, toutes les expériences sont aussi réelles que le rêve pour quelqu'un d'endormi ! Nous devons donc veiller à ce que nous accomplissons, et ne pas nous transformer en « fabrique à karma », comme l'exprimait mon initiateur Don Alexander. Le Reiki sert ainsi à purifier notre usine à karma et à *licencier le patron*, l'ego ! Chaque séance sera à la fois une purification et un moyen de faire s'élever notre « cheval de souffle », c'est-à-dire notre énergie de vie, nous préservant des circonstances défavorables. L'initiation au Reiki est la porte d'entrée de ce travail de toute une vie.

QUESTION 70 : Quel est selon vous l'essence du Reiki ?

RÉPONSE : C'est de demeurer dans ce que l'on appelle les « quatre illimités », ou les « quatre incommensurables », en d'autres termes l'amour, la compassion, la joie et

1. Kunzang Péma Namgyèl, *L'Escalier de cristal*, vol. II, Marpa, 1998.

l'équanimité. Plus que de demeurer, il s'agit d'exprimer ces qualités. Le but du Reiki est justement de faire naître en nous ces aptitudes spirituelles. L'amour compassion ne semble jamais manquer chez une personne éveillée. Ayant parachevé ces qualités, elle en manifeste même « l'activité », c'est-à-dire qu'elle peut faire rayonner et émaner de son être ces rayons de bonté, de joie infinie et de paix. Concernant la joie, à un niveau très simple et ordinaire, c'est déjà être tranquille, en paix, heureux et continuellement satisfait, quoi qu'il advienne de bon ou de mauvais pour soi. Il s'agit d'une sérénité enjouée face à tout ce qui s'élève dans sa vie et dans le monde. C'est trouver le contentement à l'intérieur de soi, sans être en prise avec les soucis. Il y a enfin ce que j'appelle l'« équanimité du samouraï ». Un tel être est fiable, stable, centré en lui-même, il ne porte pas de jugement bien qu'il soit doué d'un grand discernement. Il y a dans l'équanimité le sens de l'équilibre et de l'impartialité. Il ne s'agit pas cependant d'un équilibre statique, mais d'un équilibre dynamique. Un bodhisattva est ô combien actif et ne demeure pas dans l'inertie ni la passivité. Son être intérieur est immobile, mais son action est vaste et puissante. Au sein de l'équanimité, on ne porte pas de jugement, on ne prend pas partie non plus et on est libre d'un attachement excessif porté à l'existence. On demeure impartial, mais pas indifférent pour autant. L'équanimité est une grande vertu qu'il nous faut cultiver.

Le Reiki est en outre une aide pour changer la perception et la représentation que l'on se fait de la réalité extérieure, de ses expériences et circonstances de vie, ainsi que de soi-même. Un des symboles du Reiki montre la nature fondamentale de l'univers qui est *énergie* et *lumière*. Au-delà de la manifestation relative des cinq éléments qui composent ce monde, l'univers est composé de lumière, d'énergie ou de vacuité. Certains scientifiques d'ailleurs, comme le professeur Régis Dutheil, parlent de particules superlumineuses (les *tachyons*)... Chaque élément est constitué d'atomes, qui sont eux-mêmes composés d'autres éléments, pour en arriver à leur essence qui est pure « lumière [1] ». Dès lors, le monde apparaît moins matériel, solide et permanent. On perçoit au contraire un monde en flux constant, avec davantage de fluidité, d'espace et d'ouverture. La réalité ordinaire n'est donc pas aussi fixe et définitive qu'elle paraît. Les problèmes, que l'on croyait insolubles, deviennent surmontables. Notre cas n'est dès lors pas aussi désespéré qu'il en avait l'air ! Les maladies et souffrances diverses ne sont pas aussi incurables qu'on le croit et possèdent, de façon inhérente, la capacité de se transformer. C'est seulement *notre* perception, *notre* façon de voir le monde, jusqu'à l'expérience que l'on a de celui-ci, qui change. Si celle-ci change, alors change le monde. C'est en quelque sorte tout cela l'essence du Reiki !

QUESTION 71 : Pourquoi le Reiki semble-t-il plus fort au tout début de la pratique, à la suite du stage, et ensuite moins puissant au fil du temps ?

RÉPONSE : Je ne pense pas que le Reiki soit moins fort *après* un stage. Il s'agit davantage de l'impact que peut avoir sur les individus un séminaire d'initiations, ainsi que la dynamique de groupe qu'il procure. Vous êtes comme mis sur une « rampe de lancement ». Vous vivez votre lune de

---

1. « Le monde extérieur entier est perçu en tant que luminosité. Nous comprenons alors comment l'existence inhérente des choses extérieures comme les maisons, les montagnes, etc., est lumière et que c'est uniquement lorsque nous nous en saisissons que ces choses deviennent solides. Lorsque nous disons que leur existence est lumière, cela signifie qu'elles émanent des éléments, qui eux-mêmes proviennent de la lumière et se solidifient en existence concrète. Il s'agit de comprendre de quelle façon la réalité tout entière naît de cette condition, de la lumière qui peut se transformer en objets matériels. » Tenzin Wangyal *in* « Les prodiges de l'esprit naturel », Éditions du Seuil, « Points Sagesses », 2000, p. 213.

miel pendant quelque temps ! Mais ensuite, vous entrez dans une phase de transformation et d'intégration inévitable. Il faut redescendre dans la matière. Vous devez faire face à des changements qui adviennent dans votre vie, maintenir une certaine diligence dans votre discipline quotidienne, et parfois faire face au fait de vous retrouver seul à pratiquer. Tout cela donne à certains, mais pas à tous, l'impression que c'est moins puissant.

Savoir rester centré

QUESTION 72 : Comment rester centré quand on pratique le Reiki ? Comment développer le lien à la terre pour ne pas se sentir « planant » en donnant un soin, et même après celui-ci ? J'ai le sentiment parfois de décoller et de décrocher de la réalité ordinaire…

RÉPONSE : Je n'ai point fait ce type d'expérience, mais je peux cependant vous conseiller de développer un sentiment de présence et d'attention vigilante quand vous pratiquez. Il peut être utile pour certaines personnes d'utiliser, en complément du Reiki, des pratiques de chi-kong d'enracinement, certaines formes de yoga ou de respiration consciente. Vous pouvez, plus simplement encore, marcher dans la nature, bien en contact avec la terre et pieds nus de préférence, et appréciez le simple d'être, avec les différents éléments qui vous entoure : la brise fraîche du vent, l'enivrante senteur des genêts, la clarté du ciel mélangé à la lumière du soleil, la vue d'un arbre, d'une montagne ou d'une fleur, et la sensation solide de la terre sous vos pieds. Et pourquoi pas, pour certains, la pratique d'un sport qui vous ramène dans votre espace physique et musculaire. Durant mes stages, j'introduis la pratique de la méditation assise, où l'on se centre et où l'on revient à l'attention puis, j'encourage de maintenir la même qualité de conscience durant les soins. Vous pouvez aussi entrer dans la sensation, l'expérience présente, ce qui vous permettra de rester enraciné. Même si le Reiki peut occasionner une expansion de la conscience, vous avez toujours le choix de rester en vous-même, bien présent, ou de « décoller », pour reprendre votre terminologie. Chaque fois qu'une expérience advient, quelle qu'elle soit, il y a bien souvent une saisie et une appropriation de celle-ci. Prenez conscience qu'une expérience est juste le miroir de ce que l'on est ; elle n'est pas indépendante de l'individu qui l'a créée. Cette expérience peut simplement rester un point d'observation. Vous en prenez conscience, avec détachement, et vous revenez à vous-même, simplement, sans lui donner de l'importance, sans la nourrir davantage. Ne vous perdez donc pas dans la sensation, mais revenez à vous-même, ayant telle ou telle sensation, sans vous identifier à l'expérience ni cristalliser votre attention sur celles-ci. Ce n'est pas tant l'expérience qui est importante que ce que l'on décide d'en faire. On la laisse ainsi être simplement une « expérience » qui s'élève, qui demeure et qui finit également par disparaître. Pour paraphraser un dicton de la tradition zen : « Tout ce qui est provoqué par la pratique du Reiki est également résolu par la pratique du Reiki. » Le point est de rester centré à l'intérieur de soi, sans se perdre *dans* l'expérience, sans se laisser envahir par elle. Aucune expérience n'a le pouvoir de déstabiliser, sauf si on le décide !

S'agissant des perceptions sensorielles, il en est de même : il suffit de s'y poser directement, sans devoir rien rejeter ni rien susciter ou maintenir. L'important est de rester droit dans la reconnaissance de la vue [1].

---

1. Kunzang Péma Namgyèl, *L'Escalier de cristal : La méditation dzogchen*, Marpa, p. 143.

Pour certains pratiquants du Reiki, des personnes plutôt tendues, le Reiki provoque une intense relaxation, et ils se mettent à bâiller ardemment, jusqu'au point de dormir debout pendant le soin qu'ils donnent. Cela, parce qu'ils vivent beaucoup de tensions, qui finissent par lâcher petit à petit. Chez d'autres, cela peut se traduire par le fait de « planer », pourquoi pas ? Il ne faudrait pas pour autant porter trop d'attention à ces illusions *(makyo)*, mais garder au contraire un sentiment de présence à vous-même. Changez éventuellement d'alimentation : mangez des pommes de terre et des pâtes !

Plus sérieusement, que révèle chez vous cette tendance à décrocher si facilement et à fuir la réalité extérieure ? C'est, à mon sens, ce qu'il vous faudrait explorer.

QUESTION 73 : En est-il de même pour ceux qui ont le sentiment de prendre sur eux les problèmes des personnes traitées ?

RÉPONSE : Tout à fait, il y a certaines personnes qui s'accaparent la souffrance de leurs patients. De tels êtres s'identifient ainsi à leur rôle de « guérisseur » et pensent inconsciemment qu'ils détiennent le pouvoir de guérir, et que celui-ci vient d'eux uniquement. On peut leur demander alors pourquoi ils ont ce besoin impératif de prendre sur eux-mêmes le symptôme de leurs malades. Il est bon de leur rappeler qu'avec le Reiki, ils ne possèdent aucun pouvoir quelconque, ou domination, mais que c'est Dieu, l'univers ou la Force de Vie *en eux* qui agit. Ils peuvent apprendre ainsi à se détendre, à lâcher prise, et réaliser qu'ils n'ont aucune raison de s'approprier le mal et la souffrance des autres. Car cela peut être en fait un moyen très subtil de renforcer l'ego, d'exister à travers une activité de thérapeute, et surtout, d'être reconnu par ses semblables. Mais à quel prix ?! Encore une fois, cela doit faire écho aux manques de la personne. C'est ce qu'elle aura à comprendre à mesure qu'elle s'engage et évolue dans le Reiki. De tels individus devraient tout d'abord passer plus de temps à se traiter, s'occuper d'eux-mêmes, et nourrir les manques inconscients, avant de s'occuper réellement des autres.

Événements insolites

QUESTION 74 : Des événements particuliers et insolites se sont-ils manifestés durant vos stages d'enseignement ?

RÉPONSE : Est-ce vraiment essentiel d'y prêter attention ? Est-il utile surtout d'y attacher de l'importance ? Cela est la porte ouverte à toutes les interprétations possibles où l'on risque de sombrer facilement dans le sensationnel et le surnaturel.

Toutefois, il m'est arrivé un ou deux événements inhabituels, comme par exemple une petite bougie chauffe-plat que j'avais allumée devant la photo d'Usui le matin en arrivant et qui s'est consumée jusque tard dans la soirée. La durée moyenne d'une telle bougie est de trois ou quatre heures tout au plus. C'est donc assez surprenant de voir une telle bougie allumée plus de dix heures ! D'autres occasions se sont produites où l'on a perçu des senteurs d'encens d'un raffinement extrême, sans pouvoir déterminer d'où elles venaient précisément, comme si le parfum tournoyait dans la salle. Cela s'est manifesté plusieurs fois, en des lieux différents, et il me semblait reconnaître la même odeur à chaque fois. Il y a eu également de nombreux signes de synchronicité, entre une expérience intérieure vécue et une manifestation extérieure (ce que Jung appelait les *coïncidences significatives*). Une fois par exemple, en plein été, en initiant une personne au second degré, le vent s'est mis à souffler, et tous les rideaux de la pièce se sont levés à l'horizontale. Cela a commencé au moment même où je débutais cette initiation, et le vent a cessé de souffler précisément à la fin de celle-ci. Nous sentions les éléments et la nature tout entière participer à ce rituel. Le sentiment fut très fort pour cette personne et moi-même.

Maintenant, j'en resterais là sur ce que les personnes soi-disant *sensibles* captent durant leurs stages : des présences, des lumières, des couleurs, des « auras », des phénomènes énergétiques, etc. Il y aurait tout un roman à écrire, et même s'il y a un certain fond de vérité, cela risquerait finalement de faire du tort à l'image du Reiki aux yeux du grand public. Ce ne sont que des expériences énergétiques pour lesquelles il ne faut créer aucun attachement. On peut rester conscient de ce qui se produit, mais sans rien saisir. Ce que je retiens le plus, c'est la bénédiction spirituelle qui règne à chaque fois, offerte par les initiations, les échanges de Reiki et la présence, sûrement, de l'Invisible…

QUESTION 75 : Avez-vous eu des expériences de communications spirituelles avec des guides ou des maîtres de lumière, par l'intermédiaire d'un « channel [1] » ?

RÉPONSE : Cela ne m'a jamais vraiment attiré, et je ne l'ai donc pas recherché. Je connais cependant, dans mon proche entourage, une amie qui possède d'étranges capacités. Pour parler d'elle, je dirais qu'elle est née avec l'*œil* (celui de la vision intérieure), complètement « ouvert ». Elle perçoit le monde subtil et invisible tout à fait naturellement, et elle connaît des choses spontanément, sans les avoir jamais étudiées. Il suffit qu'elle regarde à l'intérieur d'elle-même pour cela. Elle bénéficie d'une grande intuition et d'une sensibilité remarquable. Elle participa à mon tout premier stage de Reiki. Pour cette occasion exceptionnelle, je lui demandai si elle accepterait, selon les circonstances, de se

1. *Channel* est le terme plus moderne que certains utilisent pour parler d'un « médium » ou d'une personne capable de communiquer avec des êtres d'un plan de conscience différent du nôtre.

relier aux anciens maîtres de Reiki, afin qu'ils nous délivrent un message spirituel. De nature très réservée, elle accepta timidement. Rien de particulier ne se déroula durant une grande partie du week-end, mais le dimanche, à la fin de la pause du repas, je remarquai que toutes les petites bougies que j'avais disposées dans la pièce se mettaient à vaciller en même temps, alors qu'il n'y avait aucun courant d'air. J'observai immédiatement mon amie, dont le regard se leva plusieurs fois vers le ciel et qui semblait fixer quelque chose d'invisible à nos yeux. Je lui demandai alors ce qui se passait. Elle me répondit simplement « qu'ils cherchaient à communiquer ». Pour préciser, elle me décrivit principalement un homme, avec une barbe assez courte, des lunettes rondes, habillé d'un kimono japonais qui ressemblait étrangement à Mikao Usui. Je lui présentai le seul portrait que nous possédions alors et qu'elle ne connaissait pas. Elle s'exclama spontanément : c'est lui, je le reconnais ! Je demandai alors à ce personnage *(Usui)* de nous délivrer un conseil de sagesse, en relation avec la pratique du Reiki. Un conseil du cœur, que je n'aurais pas été en mesure de communiquer durant ce week-end. Il répondit ceci : « Il y a là-haut, sur cette armoire, un autel avec une représentation du Bouddha [1]. Comprenez que ce Bouddha n'existe pas seulement à l'extérieur de vous. Il est en fait en tout un chacun. Le but véritable de la pratique du Reiki, comme de toute pratique spirituelle, c'est de faire grandir ce Bouddha, de l'éveiller et de le faire grandir de plus en plus, encore et encore, jusqu'à ce que vous deveniez vous-même un tel Bouddha rayonnant ! »

---

1. J'avais effectivement disposé un autel tout en haut d'une armoire, avec une statue de Bouddha, mais de façon très discrète, car je ne voulais pas heurter les personnes avec une représentation religieuse ou une croyance ne correspondant pas à leur foi personnelle.

L'enseignement de Bouddha n'est pas loin, il est dans notre cœur, il est tout près. Le Satori n'existe pas au-dehors de nous. Où donc alors pourrions-nous le trouver sinon à l'intérieur de nous-mêmes ! Qu'il s'agisse d'illusion ou d'illumination, c'est de l'illusion et de l'illumination de notre propre cœur qu'il s'agit.

Kôbô-Daïshi [1]

Une personne du groupe demanda si Mikao Usui avait atteint cet état. Il répondit, avec beaucoup de modestie et de simplicité, qu'il avait réalisé effectivement l'union intérieure avec le Bouddha, ce que l'on nomme communément l'éveil spirituel ou *satori*. La même personne demanda alors ce qu'il fallait faire pour atteindre cette réalisation. Il répondit qu'il fallait mettre en pratique trois choses : *prier*, *chanter* et *méditer*. Cette personne demanda encore si le fait de simplement prier suffisait, car elle n'avait aucune connaissance des chants mantriques et spirituels, et encore moins de la méditation assise. Il répondit que, parvenu à un certain point du chemin spirituel, les prières et les chants devront cesser, et que seul demeurera la *méditation* véritable. Je me souviens que, de façon similaire, le dalaï-lama avait enseigné que les *mantra* ne seront plus chantés ou psalmodiés, n'étant que des supports ou des « moyens habiles », et que seule la méditation sur la nature de l'esprit serait à réaliser.

Je demandai pour ma part de quelle tradition spirituelle venait le Reiki, mais il prononça un mot que mon amie ne semblait pas comprendre. J'insistai pour qu'elle me dise ce qu'elle entendait. Elle fut gênée, car elle me dit que ça ressemblait à « chewing-gum » ! Mais ce fut pour moi comme une révélation et la confirmation d'un sentiment très profond que j'avais alors, à savoir que le Reiki provient du

---

1. Révérend Yukaï (docteur Billaud), *Shingon, bouddhisme japonais traditionnel*, *op. cit.*, p. 11.

shingon, la forme japonaise du bouddhisme tantrique ésotérique d'où l'on dit que le Reiki tire ses racines. Elle le confirma : c'était le bon mot, qu'elle n'avait pas compris au départ.

Je questionnai encore pour savoir si la pratique du Reiki était comparable à la méditation de *Vajrasattva* [1], une pratique de purification et de guérison spirituelle du bouddhisme ésotérique tibétain, où l'on se relie à une déité qui personnifie l'énergie indestructible de l'éveil. Il répondit que l'énergie invoquée dans le Reiki était tout à fait similaire, mais que la méthode et le moyen de s'y relier étaient en revanche différents. Mais en essence, elles étaient identiques et de même nature.

Bien que je vous livre cette histoire, sachez que je n'incite personne à réaliser ce genre de « contact ». Chacun pourrait penser alors détenir la vérité sur le Reiki, simplement parce que Mikao Usui, Hayashi ou un « guide de l'au-delà » aurait transmis tel ou tel message ! Message que nous ne pourrions bien sûr jamais vérifier ou valider. Soyez donc prudent comme je le suis moi-même avec cette anecdote. Si je ne connaissais pas cette amie, je serais sûrement resté très sceptique quant à cette expérience. Depuis, je n'ai pas cherché à la reconduire. Toutefois, et c'est ce qui est troublant, nous avons maintenant la confirmation que le Reiki tire effectivement ses origines du bouddhisme ésotérique japonais

1. Vajrasattva (Kongôsatta, en japonais) est le *fils spirituel* (incarnation et messager à la fois) de Daïnitchi Nyoraï (Mahavairocana), le « Grand Illuminateur », le suprême Bouddha du bouddhisme ésotérique japonais. « Vajrasattva est "l'Être adamantin", la pureté immuable de l'esprit. Comme tous les troubles du corps ou de la parole sont liés aux perturbations émotionnelles de l'esprit et aux traces karmiques qui s'inscrivent dans la conscience, Vajrasattva est le Bouddha de la purification et de la guérison par excellence. » Philippe Cornu, *Le Miroir du cœur*, Éditions du Seuil, « Points Sagesses », 1994, p. 196.

(shingon, tendaï) et aussi du shintoïsme. Nous savons également que dans l'enseignement d'Usui, la méditation assise, le chant des *kotodama*, etc., tiennent une place vraiment importante. La vieille nonne bouddhiste, qui rencontra personnellement Usui et qui étudia le Reiki avec lui, confirme cela.

Typologie des personnes initiées

QUESTION 76 : Quelles sont les personnes qui viennent se faire initier au Reiki et que vous rencontrez dans vos stages ?

RÉPONSE : Pour faire simple, je vais les diviser en trois groupes. Il y a d'une part ceux qui sont en quête de sens, qui aspirent à une vie plus spirituelle, qui ont un besoin de vivre dans l'ouverture du cœur. La dimension à la fois profondément humaine et sacrée du Reiki les touche véritablement. Ils apprécient de faire un travail individuel et de progresser dans leur existence, en termes de croissance spirituelle et d'éveil.

Puis, il y a des personnes en grande souffrance, et certaines d'entre elles viennent au Reiki après avoir reçu un certain apaisement, à la suite des soins qu'on leur a donnés. Ces personnes aspirent au bonheur, à la paix du corps et de l'âme. Quand j'écoute ce qu'elles me confient, je remarque combien il y a une grande douleur en l'humanité : abandon, violence, maladie, épreuve, maltraitance, deuil, séparation, etc. Le Reiki panse les blessures intérieures, apaise les esprits troublés, redonne goût à l'existence. Ainsi, les personnes deviennent-elles plus fortes et stables, capables de regarder leur vie en face et de se prendre en charge. Le Reiki ne remplace peut-être pas une thérapie médicale, ni un soutien psychologique, mais l'énergie de vie les aide et les accompagne là où elles se trouvent, quel que soit leur chemin de guérison.

Il y a enfin des personnes qui estiment avoir certaines facultés pour la guérison, l'imposition des mains, ou le magnétisme, et qui désirent évoluer dans un cadre cohérent. Elles veulent apprendre un art qui puise ses racines dans une tradition véritable. Auparavant, bien que possédant certaines facultés, elles agissaient de façon empirique et informelle. Le Reiki leur propose un environnement plus satisfaisant et répond non seulement à leurs attentes, mais leur offre encore bien davantage.

Dans cette troisième catégorie de personnes, je peux ajouter celles qui sont déjà des thérapeutes, et qui veulent enrichir leur connaissance et leur savoir-faire avec l'approche spécifique du Reiki.

Les trois degrés d'initiation au Reiki : explication des symboles et des *mantra* du Reiki

QUESTION 77 : À quoi correspondent les trois degrés du Reiki ? Pourrait-on faire une analogie avec d'autres enseignements, traditions ou courants spirituels occidentaux ?

RÉPONSE : Un ami me faisait remarquer que les trois degrés du Reiki étaient, par exemple, tout à fait similaires à ceux de la franc-maçonnerie : apprenti, compagnon et maître. En effet, le niveau *apprenti* permet de travailler sur le plan physique, celui du *compagnon* permet de traiter davantage le plan psychique, et le degré de *maître* permet d'ouvrir le plan spirituel. Le premier degré de la franc-maçonnerie permet de travailler la notion de verticalité, d'ancrage et d'assise. Le second agit sur un niveau horizontal et donne de l'expansion, en travaillant sur les schémas mentaux et émotionnels. Le degré de maître, quant à lui, devient celui de la transmission spirituelle et du rayonnement. Cela est tout à fait similaire au Reiki. Cette subdivision se retrouve au niveau des trois symboles du second degré : le premier symbole agit davantage sur le plan physique et énergétique, le second agit sur le niveau émotionnel et mental, et le troisième, sur le domaine spirituel. Ne le prenez pas trop littéralement, car cela est juste une façon de dire. Comprenez qu'il n'y a au départ qu'une seule énergie, celle de l'éveil absolu et parfait. Cela est symbolisé dans le Reiki par le symbole du maître (le quatrième symbole du Reiki – la Grande Claire Lumière) enseigné durant le troisième degré. Cette énergie d'illumination peut se rendre accessible et se projeter, comme un autorayonnement ou une émanation, sous la forme des trois symboles du second degré. En premier vient la sagesse/connaissance (représenté par le troisième symbole du Reiki – l'esprit du rayonnement solaire : la Lumière). Dugpa Rinpoché nous a offert une source d'inspiration étonnante lorsqu'il a dit : « Il existe un niveau très profond de la méditation où les différences et les distances se fondent dans un même courant. En état d'amour, d'union totale, elles bouillonnent, dansent, vivent le flamboiement des univers, en un seul rythme [1]. » Le symbole du Reiki utilisé est un bel idéogramme dont chaque trait possède un sens extrêmement approfondi et nous révèle la nature réelle des êtres et des phénomènes. C'est un niveau de pure sagesse exprimé par la notion de non-dualité.

Puis, vient l'énergie de la compassion (deuxième symbole – l'esprit du rayonnement lunaire : l'Amour) qui est représentée par une syllabe-germe qu'utilise le *tantrisme* japonais. Il est notamment spécifié dans le bouddhisme que ce *böja-mantra* représente aussi la sixième conscience, le mental cosmique qui, transformé par les pratiques méditatives, conduit l'adepte à l'obtention de la *sapience*, encore appelée le « discernement merveilleux », c'est-à-dire

---

1. Dugpa Rinpoché, *Préceptes de Vie*, Presses du Châtelet, 1997.

l'illumination du cœur esprit. La conscience devient illuminée par la présence de ce symbole et chacun réalise la tranquillité mentale, la paix absolue rayonnante d'amour inconditionnel.

Enfin, il y a la manifestation de l'énergie, de la puissance spirituelle ou du pouvoir (premier symbole – l'esprit du rayonnement terrestre : la Force) qui, dans l'enseignement ésotérique du Reiki, apporte le recentrage, la force intérieure, la confiance et la sécurité. Ce symbole représente la spirale énergie de l'ambroisie divine. Il ouvre sur une perception du monde comme étant une énergie *vide*, et amène la pleine conscience de l'instant présent. J'explique cela grâce à une autre très belle citation de Dugpa Rinpoché (ceux qui ont reçu le deuxième degré vont tout de suite comprendre) : « Les Tibétains représentent l'Instant comme un vide tournoyant, au centre de la roue de la vie et de la mort. C'est le moyeu de la roue. Cet état d'être ne disparaîtra jamais. Il est la permanence, le fondement, et pourtant il bouge sans cesse, sans jamais altérer son immobilité rayonnante [1]. » Le Reiki fait donc appel, lui aussi, à une trinité spécifique de *trois en un*, dont le symbolisme apparaît dans nombre de traditions spirituelles. Selon Pythagore, tout ce qui est impair revient à l'unité. C'est ce que l'on retrouve au sein de l'enseignement chrétien, notamment en rapport avec la sainte Trinité. Sogyal Rinpoché s'est risqué, avec beaucoup de prudence, à faire une analogie entre les « Trois Corps du Bouddha » *(Trikâyas)* et la sainte Trinité :

On pourrait comparer les Trois Kâyas à la Trinité chrétienne. Si on la comprend purement, sans théologie, Dieu est Vacuité (Dharmakâya), le Saint-Esprit est Nature lumineuse (Sambhogakâya) et le Fils est Compassion (Nirmânakâya). Il a été possible pour Dieu de se manifester sous la forme de Jésus parce qu'il s'est incarné sous l'action du

1. *Ibid.*

Saint-Esprit *(ce qui unit)*. Le Saint-Esprit est lié au Verbe (Parole) et à l'énergie de l'inspiration (Pentecôte), comme le Sambhogakâya.

Voilà pour l'essentiel concernant le sens des symboles du Reiki, car tout cela demanderait bien sûr une explication plus approfondie offerte lors d'un enseignement oral et d'une transmission initiatique vivante, d'âme à âme.

> Faites que la lumière, l'amour et la puissance
> Rétablissent l'œuvre de la terre.
>
> Alice Bailey

QUESTION 78 : Quoique n'étant pas au départ un maître de Reiki japonais mais un lama tibétain, Dugpa Rinpoché nous aurait-il soufflé indirectement quelques inspirations pour le quatrième symbole d'Usui à travers ses nombreux préceptes ?

RÉPONSE : Oui, en effet ! D'ailleurs, comme vous l'avez de nombreuses fois remarqué, j'aime bien m'inspirer d'auteurs et de traditions proches de celle du Reiki, car au niveau du symbolisme universel, on parle bien sûr de la même chose. Il s'agit donc d'un hymne à la Claire Lumière [1], tout à fait approprié pour notre quatrième symbole du Reiki :

Claire Lumière,
sois bénie pour l'infini univers de nous-mêmes,
de notre réalité,
notre conscience suprême.
Lumière incroyablement vraie,
aujourd'hui
TOUT COMMENCE.

Puissent ces bénédictions se répandre.

1. *Ibid.*

C'est très proche de ce qu'enseignait Fumio Ogawa (un maître de Reiki traditionnel japonais, initié par Keizo Ogawa, lui-même l'ayant été par Mikao Usui) :

> L'univers est identique à nous-mêmes… l'acte de porter la Lumière *(hikari)*.

Tout cela s'avère être une interprétation complémentaire à notre quatrième symbole.

QUESTION 79 : L'explication du sens des *mantra* des symboles du Reiki est-elle importante à notre niveau de pratique ? En tant que pratiquants occidentaux, est-ce essentiel de connaître les idéogrammes japonais de ces symboles ?

RÉPONSE : Lorsque Mme Takata a transmis le Reiki en Occident, elle n'a sans doute pas jugé utile de nous donner l'écriture japonaise, c'est-à-dire le *kanji* des idéogrammes, ni une traduction très élaborée de ces symboles. Elle nous les a écrits en caractères romains, et nous a offert une explication de base. L'essentiel, selon elle, était de pratiquer et de développer notre propre compréhension du sens des symboles, à travers notre expérience. Cela est sûrement suffisant, puisque l'on dit que l'action des *mantra* dépasse le sens intellectuel. Un *mantra* n'est pas censé être compréhensible, car son pouvoir réside dans le son, sa vibration. Mais un certain sens peut aussi être trouvé. On dit également que les enseignements tantriques ont plusieurs niveaux de signification : la signification littérale, la signification impliquée, la signification secrète et la signification plus profonde, ou insurpassablement secrète. Je ne suis pas capable moi-même de rentrer dans tous ces détails bien évidemment ! Cependant, je sais qu'il y a certains maîtres japonais qui ont écrit le son des *mantra* sous la forme d'idéogrammes, dans leur langue usuelle. D'autres proposent des explications extrêmement approfondies sur le sens et l'origine de ces symboles. J'ai notamment étudié certaines de ces écritures, et un sens nouveau s'est offert à moi grâce à ces interprétations. J'ai bien sûr demandé à Hiroshi Doï de me donner l'écriture exacte des *mantra*. Sa réponse fut surprenante : il m'a expliqué que les Japonais n'avait pas d'idéogrammes spécifiques en *kanji* pour écrire les *mantra*. Ils utilisent en revanche d'autres formes d'écritures que l'on appelle *hiragana* et *katakana*, afin de transcrire des sons qui ne comportent pas de traduction littérale, comme votre nom ou le mien, par exemple (quoique le mien signifie un mot bien précis en même temps ! Dans mon cas, je pourrais tout aussi bien utiliser le kanjis pour mon nom). Il m'a fait comprendre que ce n'était pas tant le sens intellectuel qui était ici important, mais la « vibration » *(kotodama)* du *mantra* utilisé. Je me suis amusé toutefois à rechercher dans des livres japonais le sens des différentes syllabes des deux premiers symboles du Reiki (cela était inutile pour les deux derniers, puisqu'ils sont déjà écrits sous la forme d'idéogrammes). J'ai eu en fait une drôle de révélation : il y avait parfois plus de quarante-cinq écritures possibles, rien que pour une seule syllabe. Et chacune d'elles avait un sens différent et très éloigné parfois du contexte du Reiki ! J'explique cependant dans mes stages certaines de ces écritures, et cela nous offre une compréhension et une inspiration supplémentaires pour nos pratiques. Il faut savoir qu'un mot japonais peut posséder plusieurs sens, et le sens peut encore changer selon le mot avec lequel il est associé. Cela donne des niveaux de compréhension variés et nombreux. C'est passionnant d'allier à la fois la recherche métaphysique de ces symboles et l'intuition pure. De nouvelles informations m'ont été offertes avec la pratique de l'Usui Teate, notamment en ce qui concerne les *kanji* utilisés pour chacun des symboles.

L'apport des différents degrés du Reiki

QUESTION 80 : Ayant reçu le second degré depuis déjà plusieurs années, j'en avais presque oublié la valeur du premier niveau ainsi que l'importance des soins portés à soi-même. Auriez-vous un encouragement à nous donner à ce propos ?

RÉPONSE : Dans le premier degré, on se donne du temps, de l'espace et on prend soin de soi, de la violence dans *son* monde et donc de la violence dans *le* monde. Loin d'ignorer sa souffrance, on la rencontre, on la reconnaît et l'on en prend soin. On écoute ce qui est blessé en soi. On ne porte pas de jugement, en termes de bien ou de mal. On s'ouvre à celui qui, à l'intérieur de son être, est triste, malheureux, peiné. On lui donne l'amour compassion, l'amour tendresse et la compréhension nécessaire à sa transformation et à sa guérison. On revient seulement à soi, dans sa condition présente, sans se fuir, sans s'ignorer. Toucher ainsi en profondeur celui que l'on est dans l'instant revient à toucher son passé de souffrance et à libérer toutes les mémoires, les tendances inconscientes, les conditionnements les plus profonds. Cela transformera non seulement le passé et le présent, mais sera les causes d'un épanouissement futur…

> En ce sens, la bienveillance que nous pouvons manifester à notre propre égard constitue sans aucun doute l'une des premières conditions de la guérison du cœur [1].

Le Reiki demande de reconnaître sa souffrance, de la voir sagement, sans condamnation et dans le silence, jusqu'au point de l'accueillir.

> Lorsque je travaille avec des gens en atelier, je leur demande d'entrée de jeu de fermer les yeux et d'observer les tensions qui existent en eux aux niveaux physique et psychologique. Je leur demande d'accueillir

1. Guy Corneau, *La Guérison du cœur*, Robert Laffont, 2000, p. 217.

tout ce qu'ils observent, sans jugement et sans exigence de cohérence, pour autant que cela leur est possible, bien entendu. Je leur demande de constater ce qui est avec gentillesse, bienveillance, sans être tragiques.

Il faut dans un premier temps se mettre à l'écoute. La qualité de cette écoute compte énormément. Plus elle sera respectueuse et attentive, plus les tensions intérieures livreront leurs secrets facilement.

Si nous en arrivons à une écoute bienveillante, attentive et respectueuse, nous avons gagné le pari de l'intimité avec soi [1].

Alors peut-on commencer à vraiment lâcher prise, pour ensuite pardonner. Ce pardon ne sera pas un simple concept, mais une conséquence spontanée de ce qui aura été perçu auparavant. On devrait continuellement privilégier le soin par les mains, même si l'on est un praticien du second degré. Ce travail s'effectue donc au niveau de son corps, la dimension matérielle de l'être. Certains ont du mal d'ailleurs à accepter leur condition physique. La pratique sur soi-même permet de mieux s'accueillir et de développer davantage de reconnaissance envers son aspect corporel.

Vous pouvez essayer de toucher les différentes parties de votre corps pour en faire connaissance. Touchez chaque partie avec un soin affectueux. Pendant quelques dizaines d'années, avec dévouement et fidélité, vos pieds, vos yeux, votre cœur ont accompli leur tâche avec vous et pour vous, mais vous ne leur avez jamais accordé grande attention ou exprimé votre gratitude. Établir une relation intime avec votre corps est nécessaire [2].

QUESTION 81 : J'ai pour ma part reçu par vous les deux degrés complets du Reiki (incluant également les méthodes

---

1. *Ibid.*, p. 218. Je ne saurais vous conseiller ce livre admirable de Guy Corneau que tous les praticiens Reiki, thérapeutes et patients devraient lire et étudier. Il a été pour moi une source d'inspiration inouïe alors que je terminais la rédaction du présent ouvrage. Je ne pouvais que le mentionner et remercier son auteur pour tout le message authentique qu'il nous adresse. Un livre à lire avec son cœur !

2. Thich Nhat Hanh, *Transformation et guérison*, Albin Michel, 1999, p. 58.

originelles d'Usui), mais je n'ai finalement pas beaucoup pratiqué, n'étant pas thérapeute. Je m'en trouve quelque peu déçu…

RÉPONSE : Vous ne devriez pas penser ainsi car le Reiki peut s'avérer être une formidable pratique intérieure et de travail sur soi. Vous avez reçu la possibilité de vous traiter grâce au premier degré. Je connais des personnes qui pratiquent les positions de l'autotraitement plus d'une heure par jour. Le second degré, quant à lui, représente une excellente approche méditative, grâce aux symboles d'Usui. Vous découvrez que ceux-ci peuvent être visualisés, psalmodiés, chantés, calligraphiés dans l'espace, etc. Vous pouvez encore les unir à votre esprit, sans parler des soins sur le passé et l'enfant intérieur. Enfin, comme vous l'avez découvert, les pratiques enseignées lors de la seconde partie du second degré apportent réellement un complément en terme d'introduction à la méditation. La méthode complète, *hatsurei ho* notamment, vous entraîne au cœur du Reiki. Vous en arrivez à ne plus sentir de limite entre les notions d'intérieur et d'extérieur. Vous avez le sentiment de développer un corps de lumière et d'énergie, et cette même énergie peut être offerte pour le bénéfice de tous les êtres. Dans cette méthode particulière, ce n'est plus votre moi ordinaire qui respire, mais l'univers entier à travers vous… C'est un vrai bonheur de pratiquer ces méthodes en groupe, comme c'est la tradition au Japon. Ne vous désespérez donc pas : nous ne sommes pas tous destinés à être des « thérapeutes ». Nous pouvons aider de tellement de manières, en dédiant simplement notre pratique personnelle au bien des êtres, par exemple.

Méthodes anciennes du Reiki

QUESTION 82 : Que vous a apporté la découverte de ces anciennes méthodes japonaises et qu'ont-elles changé dans votre pratique du Reiki ?

RÉPONSE : Elles ont, d'un certain point de vue, révolutionné ma pratique et ma compréhension du Reiki. Elles m'ont offert une nouvelle dimension et enrichi mon expérience, sans pour autant remplacer celles que j'avais auparavant. Je me sens maintenant beaucoup plus libre et ouvert, et ma part d'intuition peut s'exprimer plus généreusement, sans retenue. Auparavant, lors de certains soins, j'avais envie de bouger mes mains, de masser la personne à certains endroits, de faire des gestes circulaires, de souffler sur la zone malade ou encore de lever les mains en l'air et de « palper » le corps énergétique. Mais je m'interdisais de faire ainsi, car cela n'était pas conforme à l'enseignement que j'avais reçu. Pourtant, mon envie et mon instinct étaient bien là ! Il y avait donc une dualité, car l'enseignement de Mme Takata consistait simplement et uniquement à poser les mains, et d'une certaine façon bien définie. Mais dorénavant, ma manière de procéder est plus ouverte et spontanée. Chaque méthode apporte une réelle amélioration à mes soins. Elles m'ont permis de rentrer plus pleinement dans la sensation de l'énergie et de développer mon ressenti. Une dimension spirituelle règne durant les séances. Il y a un esprit particulier qui domine quand on les pratique. Vous pouvez ne plus simplement imposer les mains comme on le faisait jusqu'à maintenant, mais encore masser la personne, la tapoter doucement, équilibrer sa circulation sanguine, la libérer de ses toxines physiques et mentales, agir sur des conditionnements profonds, dégager l'énergie bloquée, opérer sur l'esprit, ou offrir une relaxation intense, selon ce qui est approprié. L'application d'un seul doigt peut suffire pour obtenir un effet mesurable. Vous devenez beaucoup plus à l'écoute de ce qu'une personne a réellement besoin de recevoir. Je découvre, depuis, une liberté d'action et une faculté d'adaptation beaucoup plus grandes qu'auparavant. Tous ces mouvements sont très simples à pratiquer et je remarque combien ils sont puissants, de par les effets qu'ils produisent. Cependant, comprenez bien qu'il ne s'agit pas d'apprendre, là encore, une nouvelle *technique* de pression des mains, ou de massage par exemple. Le point n'est pas la « technique » mais l'esprit et la façon juste de faire. C'est pourquoi certaines de ces méthodes suivent logiquement un stage de second degré et un temps de pratique indispensable d'assimilation du Reiki. Enfin, cet enseignement a eu un impact dans ma vie de tous les jours jusque dans mes relations avec les autres, ce dont certains de mes élèves ont témoigné également.

La pratique des *kotodama*, et la façon correcte de les réciter furent une autre révélation pour moi. Cela a tellement simplifié ma pratique. Vraiment, tout est dans l'esprit et la conscience juste, plus que dans le faire. Il en est de même concernant la pratique du *reiju* originel d'Usui. J'ai vraiment l'impression que, maintenant, commence pour moi mon entraînement dans le Reiki !

QUESTION 83 : Lorsque vous dites qu'il ne s'agit pas d'une « technique de massage » en soi, à quoi faites-vous allusion ?

RÉPONSE : Il vous faut entrer dans ce que j'appelle la « conscience Reiki ». Si vous avez cette qualité d'être, cette disponibilité intérieure, ce non-agir, cette pleine vigilance, vous pouvez alors pratiquer de bien des façons, sans avoir le sentiment d'appliquer une méthode particulière. Si vous « massez » par exemple, vous devez réaliser qu'il y a dans vos mains de la crème Reiki [1] que vous voulez faire pénétrer dans le corps du patient. C'est un massage de confort, un massage familial et, mis à part quelques règles de base, il n'y a là aucune technique spécifique. Si vous décidez de simplement *regarder* une personne, et de lui donner du Reiki de cette façon, vous devez la « toucher » avec vos yeux, et plus encore avec le cœur, comme vous le feriez avec vos mains. Plus que la façon de faire, c'est encore une fois la façon d'être qui est en soi la plus importante. Par ailleurs, il y a un cadre cohérent au sein duquel on doit pratiquer ces techniques.

QUESTION 84 : J'ai encore du mal à comprendre la méthode qui consiste à éliminer les énergies bloquées ou perverses *(jakikiri joka ho)*. Cela me paraît être une approche plutôt dualiste, en apparence tout au moins. Il semblerait qu'il y ait le bien d'un côté et le mal, de l'autre, qu'il faudrait chercher à extirper ! Le Reiki n'est-il pas justement au-delà de ces deux aspects ?

RÉPONSE : Il faut replacer cette méthode dans le contexte de la philosophie du Reiki, et de celle du bouddhisme, pour mieux comprendre ce qui se passe réellement. Par exemple, ainsi que l'enseigne Sogyal Rinpoché, si l'illusion, ou la maladie et la souffrance étaient intrinsèques, on ne pourrait jamais s'en libérer. On peut donc dire que les choses n'existent pas de façon ultime et définitive. Il est encore expliqué que, bien que les phénomènes apparaissent, ils n'ont pas d'existence définitive. C'est une apparence, mais *vide*. Comme les négativités n'existent pas sur le plan absolu, elles sont dès lors *purifiables* sur le plan relatif ! C'est de cela qu'il s'agit, et c'est ce que nous pratiquons avec cette méthode. Le fait, par exemple, de laver un tissu permet de

---

1. Lors d'un stage, j'ai suggéré d'utiliser la « crème *Usui* », des laboratoires *Reiki*-Pharma !

décrocher et d'enlever la saleté qui s'était déposée dessus. Celle-ci est de trop, mais fondamentalement, le tissu est originellement propre !

Selon Hiroshi Doï, de qui j'ai reçu l'explication de cette pratique, il s'agit d'une technique pour soustraire l'énergie solide (l'*énergie négative persistante* ou *inharmonieuse*) ainsi que le désordre vibratoire, en purifiant avec l'énergie du Reiki et en introduisant ensuite de l'énergie positive. *Jaki* est un mot japonais que l'on utilise pour désigner les « mauvaises influences ». *Ja* signifie ce qui est mauvais ou négatif, et *ki*, ici, désigne l'énergie. Comme je l'ai déjà mentionné, il ne s'agit pas de *détruire* d'une façon formelle et dualiste ces mauvaises influences, mais de les dissiper et de les purifier ou transformer, afin de révéler la clarté originelle. En fait, on rétablit l'harmonie primordiale naturellement présente. Sur le plan relatif, cela donne l'effet d'écarter les négativités et les obstacles par l'énergie et le pouvoir compassionnel du Reiki. Cette notion d'amour/compassion est très importante ici. Comme le disait, non sans un certain humour, Bernard Benson : « La compassion, ce n'est pas la "passion con" pour autant ! »

Parfois, un peu d'autorité ne fait pas de mal. Il s'agit d'une action pédagogique. Cette pratique a donc le sens d'éliminer les couches temporaires d'illusion qui voilent notre véritable nature. Elle permet de libérer les mémoires (les *koueï*[1] de la médecine énergétique chinoise), mais à condition de leur donner un certain espace afin de les reconnaître et de les accueillir.

Quoi qu'il en soit, ma première réaction fut de les « chasser », convenant qu'elles n'avaient rien à faire ici (...). Mais je ressentis que quelque chose n'était pas juste dans le fait d'agir de la sorte. Je me suis remis immédiatement dans la dimension originelle du Reiki, dans le sens où

1. *Koueï* : entité psychique viscérale.

tout n'est transformé que par le seul pouvoir de l'amour compassion. (...) j'ai donné toute l'attention, l'affection et la reconnaissance à ses mémoires oubliées, plutôt que de les expulser. J'ai eu vraiment le sentiment de leur offrir un « espace de reconnaissance ». L'énergie changea alors instantanément et spontanément. C'est comme si ces mémoires n'attendaient qu'à être reconnues, comprises et enfin acceptées pour se libérer véritablement (...). Il s'agissait plutôt d'accueillir et d'accepter ces parts de souffrance, de les reconnaître et de leur donner tout l'amour tendresse qu'elles étaient en droit de recevoir, afin de se métamorphoser [1]...

Une patiente a vécu cela d'une façon très forte : en appliquant cette méthode, elle contacta un souvenir passé douloureux, une mémoire cellulaire en quelque sorte, ce qui lui permit de se défaire de cette ancienne souffrance et de redécouvrir ensuite un état plus serein. Un an auparavant, elle se luxa spontanément et mystérieusement la clavicule, sans rien faire de spécial pour cela. Cela s'est d'ailleurs produit la veille de son stage de premier degré ! Les séances d'ostéopathie la soulageaient ponctuellement sans régler le problème pour autant. Durant le soin Reiki, elle sentit comme une épée plantée au-dessus du cœur, à l'emplacement de sa clavicule. Elle m'expliqua ce qu'elle ressentait, ainsi que la souffrance qu'elle endurait, d'un ton de voix qui montrait qu'elle se trouvait dans un état modifié de conscience, comme une transe très légère. Le travail thérapeutique presque terminé, et le glaive enfin enlevé, elle déclara qu'il s'agissait d'une « épée indienne », qu'elle semblait contempler de ses grands yeux écarquillés. Une fois complètement revenue à elle, je lui parlai donc de cette fameuse *épée indienne* ! Elle ne comprenait pas ce à quoi je faisais allusion, bien sûr. Je lui expliquai le déroulement de la séance, et elle en fut très surprise. C'était comme si d'anciens souvenirs d'une vie passée en Inde avaient surgi et

---

1. Patrice Gros, *Reiki, sagesse et compassion*, *op. cit.*, pp. 233-234.

étaient revenus à la surface de sa conscience. Je lui dis ensuite que le travail n'était pas complètement terminé pour autant. Il fallait maintenant prendre du temps pour soigner la plaie, arrêter l'hémorragie et permettre la cicatrisation. C'est ce qu'elle me confirma, parce qu'elle avait la sensation de *quelque chose* qui s'écoulait de son épaule ! Le plus étrange fut que, dès cette première séance, elle pouvait bouger et articuler son bras avec une plus grande amplitude et qu'elle ne ressentait plus la douleur qu'elle connaissait auparavant. C'était pour elle une sensation toute différente, et surtout, bien plus agréable ! Cela est resté complètement stable depuis.

Voilà, par exemple, comment peut agir cette méthode particulière. Je pense aussi que le travail de toute une année de Reiki, accompagné des séances d'ostéopathie ont permis à cette méthode d'agir plus efficacement encore. Il faut, semble-t-il, retrouver la souffrance première afin de la libérer pleinement. Soulever le « masque » de la douleur, et découvrir l'origine de celle-ci pour s'en délivrer totalement. Le thérapeute doit rester centré en lui-même durant cette pratique, sans avoir le sentiment d'intervenir, ce qui est le plus difficile. Il doit trouver son centre intérieur, joindre les mains avant de commencer, ouvrir son cœur, placer sa conscience dans le *tanden* (un point en dessous du nombril), retenir sa respiration, exécuter les gestes convenablement… et laisser ensuite *agir* l'énergie. Ce qui se produira alors sera exactement conforme à ce que la personne doit vivre, et ce pour quoi elle est prête.

Gardons aussi l'esprit de compassion en pratiquant.

Formation du stage *oku den kouki*

QUESTION 85 : Comment se déroule la formation de ces méthodes originelles, lors du stage *oku den kouki* ?

RÉPONSE : Celle-ci dure deux jours entiers, lors d'une fin de semaine. Elle fait suite à un stage de second degré, où sont transmis tout d'abord les *kotodama* et les symboles du Reiki. Les personnes pratiquent ensuite plusieurs mois avant de recevoir cet enseignement spécifique. J'expose une première fois le contenu de chaque méthode, puis j'en commente la pratique. J'en fais ensuite la démonstration vivante avec un participant. Enfin, j'invite les stagiaires à les expérimenter, deux par deux, afin qu'ils puissent gérer les soins par eux-mêmes et être autonomes une fois rentrés chez eux. Je crée plus tard un moment de partage avec tout le groupe pour faire le point sur ce que chacun a pu vivre et expérimenter. Le cours est extrêmement pédagogique. Une grande part est accordée à la fois à la méditation, avec les pratiques originelles d'Usui, et à l'application des différentes méthodes de soin. Cela représente environ une quinzaine de pratiques différentes. Par la suite, ayant reçu à Londres un enseignement complémentaire qui remonte à une élève d'Usui toujours vivante, j'ai pu peaufiner toutes ces pratiques et apprendre les façons authentiques de les appliquer. Je remets ensuite à mes étudiants des documents vraiment complets, enrichis de citations appropriées.

Ce séminaire est très riche, vivant et représente une expérience passionnante, autant pour moi que pour les élèves ! Il a eu un impact incroyable sur toutes les personnes qui l'ont suivi. Cela vient du fait qu'elles ont déjà une certaine expérience de la pratique du Reiki, et qu'à la suite de leur second degré, qui est un stage assez intellectuel et métaphysique, elles retrouvent une dimension corporelle et énergétique des soins. Certaines techniques appliquées se révèlent très puissantes et sont la source de transformations étonnantes durant le séminaire. J'encourage désormais tous mes stagiaires du deuxième degré à venir recevoir ces méthodes originelles, que nous avons maintenant la chance de pratiquer. Il y a enfin et surtout l'impact si particulier que produit l'initiation transmise par Mikao Usui à l'origine. Celle-ci fait dorénavant partie intégrante de tous mes stages de Reiki, et pas seulement de l'*oku den kouki* durant lequel toutes ces méthodes sont enseignées. Cette initiation est remarquable. L'initiateur rentre dans ce que je nomme le « canal du maître ». Ce n'est pas une initiation dans le sens conventionnel du terme. C'est ce que l'on nomme un *reiju* ! *Rei* fait référence à l'énergie du Reiki, et *ju* signifie donner ou offrir. Cela représente réellement la transmission d'un baptême ou sacrement, d'une grâce et d'une bénédiction pour l'esprit. Ce *reiju* apporte beaucoup sur le plan de l'ouverture du canal énergétique de la personne qui le reçoit. Originellement, celui-ci se transmet à un moment bien précis, durant une pratique de méditation *(hatsurei ho)* qu'avait enseignée Usui sensei. C'est donc dans un tel contexte que je la propose moi-même, afin de rester fidèle à la transmission originelle. Là encore, j'invite chacun à en faire l'expérience… J'ai pour ma part infiniment de plaisir et de satisfaction à transmettre cet enseignement et cette initiation. À la fin d'un séminaire, j'ai partagé avec mes stagiaires ma joie d'être allé à Vancouver et ensuite en Grande-Bretagne, de m'être trouvé là au bon moment, afin de recevoir cet enseignement si précieux, et de pouvoir ensuite le leur retransmettre. Lors du partage final en fin de stage, ils m'ont tous dit combien ils avaient, eux aussi, apprécié le fait que je me sois rendu à Vancouver et à Londres !

QUESTION 86 : L'enseignement que vous proposez est-il similaire à celui de Frank Arjava Petter, l'auteur bien connu de livres sur le Reiki, qui parcourt le monde afin d'enseigner des méthodes identiques ?

RÉPONSE : Oui, à quelques différences près. J'ai reçu cet enseignement d'Hiroshi Doï, et ensuite d'Andy Bowling et de Chris Marsh (ce dernier a été l'élève de la nonne bouddhiste de cent cinq ans, une des proches disciples de Mikao Usui), alors que Frank Petter l'a reçu, au départ, de Fumio Ogawa, un maître de Reiki très respecté au Japon, mais qui est décédé récemment. J'ai d'ailleurs rencontré Frank à Vancouver. En fait, il n'était pas au courant de la venue d'Hiroshi Doï au Canada. Je lui ai donc envoyé un courrier électronique pour l'en informer, ainsi que le contenu du programme de stage. J'ai eu beaucoup de joie à le rencontrer, même si nous n'avons pas eu assez de temps pour échanger profondément. J'ai toutefois le souvenir d'un certain repas dans un restaurant chinois... Tout le monde avait eu droit à un plat unique : un *chop suey* de pâtes sautées aux légumes (Frank est végétarien). Durant le déjeuner, j'ai eu la surprise de découvrir un gros élastique en forme de pâte chinoise au fond de mon assiette, ce qui, bien sûr, a fait rire tout le monde ! Je me souviens avoir demandé ouvertement ce que cela pouvait signifier et quel sens donner à cet incident. Une personne du groupe a émis l'idée que je devais devenir plus « flexible », moins « rigide » dans ma vie et que je « lâche prise » davantage ! Ce qui est sans doute vrai. Frank doit sûrement se souvenir de cette anecdote. Pour la petite histoire, le repas me fut finalement offert par la responsable du restaurant... qui, dès lors, s'est sentie très gênée.

D'après ce que je sais, Frank Petter a désormais intégré dans son enseignement quelques-unes des méthodes enseignées par M. Doï. Il en transmet d'autres, comme les « doigts laser » et le « Reiki Undo », qui ne font pas partie de l'enseignement spécifique d'Hiroshi Doï. Sa façon de pratiquer la méditation *hastsurei ho* est aussi légèrement différente et très intéressante, avec une courte rétention du souffle juste après l'inspiration. Cela s'appelle le « petit vase » dans l'enseignement tibétain, et je considère ce point de détail comme très important. Cet aspect faisait partie de l'enseignement originel, mais n'avait pas été expliqué par M. Doï. Il y a donc certaines méthodes qui sont pratiquées différemment, comme celle du nettoyage du sang et l'équilibrage de la circulation *(ketsueki kokan ho)*. J'explique tout cela dans mes stages. Voilà pour l'essentiel.

Dimension spirituelle du Reiki

QUESTION 87 : Pourquoi la pratique de la méditation est-elle si importante dans le contexte du Reiki ?

RÉPONSE : Elle est importante à bien des niveaux [1]. Tout d'abord, le Reiki est une pratique interne. J'entends par là qu'elle s'est élevée à partir de l'espace de la méditation, en tant qu'enseignement révélé ou visionnaire, approprié à notre époque actuelle. L'état dans lequel se pratique le Reiki est précisément celui de la « présence », de la pleine attention consciente, du silence et, en même temps, il nous ramène constamment dans celui-ci. Le Reiki est l'expression de la sagesse, de la vérité et de l'amour-compassion, et à travers sa pratique, il nous permet de retrouver cette même sagesse et cette même vérité à l'intérieur de nous. La perspective de la « guérison » n'est qu'une infime partie du Reiki. Il y a aussi dans le Reiki un aspect relié aux enseignements secrets du vajrayana, la voie de la transformation, selon le bouddhisme ésotérique. Même si le Reiki d'Usui n'y fait pas mention ouvertement, les symboles du second degré et le niveau de compréhension associé à chacun d'eux nous le démontre. L'énergie émise par les différentes initiations, la visualisation de symboles et la répétition de *mantra/ kotodama*, nous révèlent l'état de méditation profonde. Pour une personne qui a un tant soit peu l'expérience de ce dont je

1. Veuillez lire le chapitre « La méditation comme chemin de guérison : conseils et pratique » pour un complément d'informations.

parle, cela est évident. Le Reiki transmet une énergie d'éveil. Il véhicule une grâce particulière dont chacun peut faire l'expérience. Le Reiki *est* méditation. Le Reiki émerge non seulement de la méditation, mais il en est le prolongement. Voilà pourquoi les deux pratiques sont intimement liées et associées, voire inséparable, car en fait, de même nature. Tout praticien du Reiki devrait trouver un temps pour s'asseoir en silence et demeurer dans ce que je nomme la « présence ». Cela devient encore plus évident lorsque l'on aborde le second degré, et bien plus lorsque l'on est enseignant. Usui sensei méditait beaucoup. Je peux l'affirmer sans me tromper.

Avant même de poser ses mains sur autrui, le simple fait de les joindre en silence au niveau de sa poitrine, comme je l'ai déjà mentionné, est en soi un moyen de rassembler sa conscience dans l'*instant* et de trouver l'abandon et l'ouverture dans son cœur. Sur la stèle funéraire de Mikao Usui, qui se trouve dans le temple Saihoji, au Japon, il est écrit ceci : « Asseyez-vous en silence chaque matin et chaque soir, avec vos mains jointes placées en position de *gasshô*. Suivez les grands principes, et soyez pur et tranquille. Méditez en votre cœur et faites les choses à partir de l'espace tranquille à l'intérieur de vous-même. N'importe qui peut accéder au Reiki parce qu'il commence à l'intérieur de soi. »

Toute pratique de Reiki devrait s'élever de cet espace de calme et de clarté naturelle. Je fais d'ailleurs en sorte que chacun de mes stages soit imprégné de l'esprit de la méditation. C'est comme une introduction et cela apporte une atmosphère particulière que tout le monde ressent et apprécie. Mon souhait est que chacun continue ensuite sur la lancée de cette expérience. La pratique de la méditation peut être considérée comme la thérapie ultime. Elle soigne ce qui est profondément blessé en soi et elle guérit la plus grave des maladies : l'inconscience et l'ignorance.

Durant votre pratique de méditation assise, si une émotion douloureuse s'élève, voici l'attitude juste à adopter : « Sans nous juger, blâmer ou critiquer d'avoir ces sensations ou ces images, nous les observons, les identifions et les acceptons afin de voir leur source et leur vraie nature [1]. » Vous ne devez pas vous perdre *dans* l'émotion, mais seulement revenir à une qualité d'attention et de présence à vous-même, et ne pas considérer l'émotion comme quelque chose de solide et de trop réel. Vous vous offrez un espace intérieur dans lequel les sentiments refoulés peuvent être reconnus, accueillis et acceptés. Il ne faut pas chercher davantage à supprimer l'émotion ; c'est un point très important. Thich Nhat Hanh enseigne que lorsque nous sommes sous l'emprise d'une émotion forte comme la colère, par exemple, nous *sommes* la colère. Si nous avons une autre émotion, nous *sommes* cette émotion. Si nous supprimons la colère, nous nous supprimons alors nous-mêmes. C'est pourquoi il enseigne que si nous voulons transformer l'énergie de la colère nous devons savoir comment l'accepter, c'est-à-dire en prendre soin, s'en occuper. Sans entrer dans le contenu de l'émotion, nous la calmons, nous l'apaisons.

> L'observation attentive est une lampe lumineuse. Ce n'est pas un juge. Elle éclaire notre colère, la prend en compte, veille sur elle avec un soin affectueux [2]...

---

1. Je vous invite à découvrir l'ouvrage remarquable de Thich Nhat Hanh, *Transformation et Guérison*, *op. cit.*, qui commente le sutra des quatre établissements de l'attention (l'attention au corps, aux sensations, à l'esprit et aux objets de l'esprit), ou Satipatthana Sutta. Ce traité de méditation est considéré comme l'un des textes majeurs (avec l'Anapasati Sutta, ou sutra de l'attention à la respiration, et le Bhaddekarana Sutta, ou sutra de la merveilleuse façon de vivre seul), au sein de toutes les écoles du bouddhisme. Les commentaires et l'enseignement du maître zen vietnamien sont précieux et profondément libérateurs.

2. *Ibid.*, p. 88.

Il nous faut donc prendre ce temps pour revenir à la respiration attentive, veiller sur soi avec amour et bienveillance tout en devenant conscients de ce que le bouddhisme appelle les « formations internes », c'est-à-dire les nœuds qui nous limitent. Et c'est précisément ce que nous faisons avec le Reiki ! Nous identifions les souffrances profondément enracinées, nous entrons en amitié avec elles et nous leur offrons, dans une attitude ouverte, généreuse et non violente, l'énergie et le soin réparateur. C'est pourquoi la méditation et le Reiki sont si proches et de même essence.

La force vitale existe dans la méditation.

Lao Tseu

QUESTION 88 : Je pensais que le Reiki ne concernait que la santé du corps et du mental. C'est en tout cas de cette façon qu'il est le plus souvent présenté. Mais je réalise, en vous écoutant, qu'il s'agit de bien autre chose…

RÉPONSE : En effet, le Reiki est quelque chose de bien plus vaste. Des trois niveaux corps, énergie et esprit, c'est l'esprit qui domine, et c'est de lui dont dépend ensuite l'équilibre de l'énergie et la santé du corps. Le Reiki, tout en agissant sur le corps et l'énergie, libère aussi l'esprit. Faisons dès lors en sorte que la pratique du Reiki nous accompagne jusqu'à l'éveil final. J'ai de nombreuses fois exprimé combien la dimension spirituelle du Reiki a été pour moi la plus significative.

Aussi longtemps que vous croirez que le péché et la négativité font partie intégrante de votre nature, il vous sera impossible de les transcender.

Lama Yéshé [1]

1. Lama Thoupten Yéshé, *op. cit.*, p. 29.

QUESTION 89 : Comment donner maintenant une dimension encore plus spirituelle au Reiki ?

RÉPONSE : Le Reiki est complet en lui-même et la dimension spirituelle y est déjà totalement présente. C'est davantage au niveau de l'*intention* que peut se situer la différence entre une pratique formelle ordinaire et une autre qui devient cause d'éveil. Par exemple, dans le bouddhisme mahayana, avant de débuter une méditation, nous commençons par établir la motivation. Nous pouvons accompagner notre pratique par une prière ainsi formulée : « Afin que tous les êtres réalisent l'éveil suprême et insurpassable, j'engendre en mon cœur l'amour, la compassion, la joie et l'équanimité incommensurables. » De façon similaire, nous complétons systématiquement notre pratique méditative par un souhait, que l'on appelle également une dédicace : « Puisse tout le mérite obtenu par cette pratique contribuer à l'éveil et au bonheur de tous les êtres. » Cela a le pouvoir de sceller notre pratique. Je propose en fin d'ouvrage un chapitre qui s'intitule « Prières de dédicace des mérites ». Vous pouvez vous en inspirer lors de vos pratiques personnelles, notamment concernant l'envoi de Reiki pour la planète et pour tous les êtres qui y vivent, et actualiser les différents aspects de ce souhait.

QUESTION 90 : L'idée m'a souvent effleuré de demander à un ami enseignant d'initier mon chat ou mon chien au Reiki, et je l'ai toujours finalement repoussée en me disant que les animaux n'avaient pas besoin de cela. Mais voilà que dans un ouvrage sur le Reiki, je découvre que l'auteur a lui-même initié ses animaux domestiques. L'envie me titille à nouveau. Qu'en pensez-vous ? Cela a-t-il un sens [1] ?

---

1. Cette question avait été posée dans le magazine *La Lettre du Reiki* n° 28, à laquelle on m'avait demandé de répondre (pour s'abonner : centre Le Dauphin, rue du Nord 6, 1040 Echallens, Suisse).

Réponse : Je ne pratique pas le Reiki ainsi. J'utilise davantage le quatrième symbole/*kotodama* en vue d'introduire les initiations sacrées et d'amener ainsi les êtres *humains* vers plus d'éveil dans leur vie. C'est cela qui a du sens pour moi. Nous pouvons en revanche offrir le Reiki à nos animaux, et sûrement en ont-il besoin autant que nous, mais de là à les initier, je ne le ressens pas comme étant juste ni approprié. L'initiation revêt un caractère particulièrement sacré, un peu comme un baptême ou un sacrement, et il représente un échange profond entre deux êtres humains qui communiquent à un même niveau de réalité. Comme je l'ai lu récemment dans un livre, les êtres humains sont habités par le désir profond de se connaître eux-mêmes et de trouver un sens à leur vie. Ils ont la capacité de le faire. Ils sont les seules créatures de l'univers à pouvoir réfléchir sur eux-mêmes… Cette capacité de réfléchir sur soi-même est la clé de leur liberté. Les initiations sont données dans ce but afin d'ouvrir la conscience des individus, de les mettre sur le chemin de la libération spirituelle et de leur offrir la faculté de canaliser une énergie d'une grande puissance. Cela n'est toutefois pas le cas des animaux. Le Reiki étant une source de bénédiction, les soins que l'on peut leur offrir conviennent donc mieux à leur condition.

Question 91 : Quel peut être l'apport et le bénéfice du Reiki pour tous ceux qui sont déjà engagés dans une voie spirituelle ?

Réponse : Ils sont nombreux car l'énergie appelée dans le Reiki est de même nature, selon moi, que celle à laquelle on se connecte durant une pratique spirituelle, si celle-ci est reliée à une tradition véritable et reconnue. Il y a ainsi une parfaite complémentarité entre le Reiki et la pratique de la méditation. Les personnes que je rencontre dans le contexte de ma démarche bouddhiste me disent qu'ils se sentent bien plus stables durant leurs méditations et ils ressentent une plus grande clarté durant leur vie quotidienne. D'autres ont témoigné que leurs facultés de visualisation, telles que celles que l'on pratique dans le bouddhisme vajrayana tibétain, se sont développées considérablement. Certains ont aussi mentionné que leurs canaux énergétiques se trouvaient purifiés à la suite des initiations reçues (notamment celles qui étaient pratiquées par Usui à l'origine, et que j'ai adoptées depuis dans mes stages).

Je voudrais à présent laisser la place à l'une de mes stagiaires qui a été parmi les toutes premières personnes en France à effectuer la traditionnelle « retraite de trois ans, trois mois, trois jours » dans un monastère tibétain, et qui a passé bien d'autres années en retraite par la suite. Par humilité, elle n'a pas voulu que son nom soit mentionné. Voici ce qu'elle partagea avec moi à la suite de son initiation :

> En ce qui concerne l'intégration du Reiki, eh bien, il s'intègre de lui-même dès que j'y pense ou dès que je mets des conditions en place pour le laisser venir. Exemple : si je médite, il vient tout seul, car c'est la même chose. Le Reiki est à ce moment-là comme une grande bénédiction qui permet à la méditation de mieux se dérouler.
>
> Si je commence une séance de Reiki, l'apaisement de la méditation vient alors naturellement. Les deux sont donc intimement liés. Comme je l'avais espéré, le Reiki est bien venu (ou *bienvenue*) en renforcement de mes méditations habituelles. Il s'intègre en tout.
>
> D'une manière générale, j'ai d'abord ressenti le Reiki principalement dans l'esprit, comme je l'ai souvent dit durant le stage. Cela m'a fait vivre des états proches de la « nature de l'esprit », ou de grande stabilité ou grande clarté, et aussi de bonheur mental que j'avais du mal à supporter (...). Le Reiki fait s'effondrer énormément de tensions très subtiles. Il s'est ensuite infiltré dans le corps subtil, et sont venus des signes que l'on peut avoir dans la pratique de *toumo* [1]. Ce sont des signes

---

1. « La pratique fondamentale est celle du "violent embrasement" ou *toumo*, dont le but n'est pas tant de réchauffer le corps du yogi que d'induire des expériences de félicité vacuité. Alliant la visualisation et des techniques de respiration yogique, le pratiquant éveille un feu inté-

de purification des canaux subtils : préparation au flamboiement de la Sagesse. Mais ici, le *toumo* est le résultat de cette introduction/pénétration du Reiki dans l'esprit, puis ensuite dans des niveaux très subtils, puis un peu moins subtils, et enfin dans le corps grossier. Dans le bouddhisme vajrayana, c'est le processus inverse qui est habituellement mis en pratique. Dans la pratique du *toumo*, on agit d'abord sur le corps grossier, puis subtil, puis très subtil jusqu'à arriver enfin à l'esprit. Le processus de *toumo* dans le sens "Esprit, Parole, Corps" peut aussi se produire dans le bouddhisme, par la dévotion ou par la sagesse, mais dans ce cas, on ne parle pas de pratique de *toumo*, on dit que l'on récolte spontanément les bienfaits de *toumo* grâce à la sagesse. C'est ce qui se passe avec le Reiki ».

Lama S. O.

Procédures : soin à distance et chant des mantra

QUESTION 92 : Pourriez-vous alors nous suggérer une procédure, ainsi qu'une attitude à observer pour nos envois de Reiki « à distance » ?

RÉPONSE : Bien que cela doive faire réellement partie d'un stage, je peux toutefois inviter les élèves du second degré à expérimenter une pratique dans le pur esprit du Reiki. Certaines pratiques méditatives enseignées par Mikao Usui, comme celle que l'on appelle *hatsurei ho*, proposent plusieurs étapes à observer. Je me suis donc inspiré de cette façon particulière de pratiquer. Vous pouvez adapter cette méthode pour toutes vos pratiques de soins à distance, le procédé de base restant le même.

---

rieur à partir de la goutte rouge, qu'il fait monter en lui pour faire fondre la goutte de *bodhicitta* blanche localisée au sommet de sa tête. Redescendant en pluie de nectar à travers les roues, celle-ci produit l'expérience croissante des quatre joies, où la félicité inséparable de la vacuité et au-delà de tout concept donne naissance à la Sagesse simultanée. » Longchenpa, *La Liberté naturelle de l'esprit*, Éditions du Seuil, 1994, p. 114.

Procédure méditative pour l'envoi de Reiki à distance (personne, situation, événement passé ou futur, planète Terre, etc.)

I – *Kihon shisei* (posture de base)

Asseyez-vous sur le sol, en posture traditionnelle japonaise sur les genoux *(seiza)*, ou jambes croisées, assis sur un coussin *(zazen)*, ou encore assis sur une chaise, le dos bien droit. Gardez les yeux fermés, respirez calmement et naturellement. Détendez-vous. Demeurez un moment dans cette assise silencieuse, l'attention portée à votre souffle.

II – *Mokunen* (focalisation, ou le fait d'apppliquer une détermination indéfectible)

Pensez que vous allez maintenant appliquer la méthode d'envoi du Reiki à distance (dites en vous-même : « Je commence maintenant la pratique d'envoi du Reiki à distance sur… telle personne, situation, événement, etc. »). *Mokunen* est une expression japonaise qui signifie que l'on dit tranquillement à son esprit « je commence maintenant à pratiquer la méthode… ».

III – *Gasshô* (salutation)

Amenez les mains ensemble, paumes l'une contre l'autre, à la hauteur de votre poitrine. Respirez normalement. Calmez l'esprit et placez votre attention dans vos mains. Éprouvez de la reconnaissance et de la gratitude pour le Reiki, et sentez-vous rempli de compassion. Demandez à la plénitude du Reiki de venir à travers vous.

Vous pouvez à ce point-là de votre pratique, si vous le souhaitez, engendrer une pensée d'éveil pour tous les êtres : « Afin que tous les êtres réalisent l'éveil suprême et insurpassable, j'engendre en mon cœur l'amour, la compassion, la joie et l'équanimité incommensurables. »

IV – *Seishin touitsu* (concentration de l'esprit, invocation des symboles/*kotodama* du Reiki)

Visualisez (ou tracez) les différents symboles du Reiki et répétez intérieurement plusieurs fois les *mantra* correspondants. Ressentez la forme des symboles et la vibration des *mantra* en vous-même. Gardez l'esprit focalisé et méditatif. Unissez votre conscience à la fois avec les symboles dessinés ou visualisés, ainsi qu'avec la vibration des *mantra*.

V – *ENKAKOU CHIRYO HO* (soin à distance)

Une fois la « connexion » établie, imaginez la personne de taille plus réduite afin qu'elle soit comprise entre vos mains. Placez celles-ci comme pour un soin physique. Traitez principalement la tête (comprenant le soin de la conscience) ainsi que le reste du corps, de façon globale. Laissez-vous guider par votre ressenti et votre intuition. Si vous le souhaitez, vous pouvez continuer à visualiser les symboles et à répéter les *mantra* durant cette pratique. Adaptez la durée du soin selon la situation ou selon votre ressenti particulier.

VI – *MOKUNEN* (focalisation)

Une fois la pratique terminée, ramenez les mains, paumes sur les genoux. Pensez que la pratique d'envoi du Reiki à distance est terminée (dites en vous-même : « Je termine maintenant la pratique d'envoie du Reiki à distance pour telle personne »).

VII – *GASSHÔ* (salutation/dédicace)

Joignez à nouveau les mains, paumes l'une contre l'autre, à la hauteur de votre cœur. Remerciez et éprouvez un sentiment de reconnaissance.

Là encore, si vous le souhaitez, vous pouvez faire la dédicace de votre pratique : « Puisse tout le mérite obtenu par cette pratique contribuer à l'éveil et au bonheur de tous les êtres. »

Comme il est dit dans le tableau ci-derrière, le plus important est d'unir sa conscience avec les symboles et les *mantra* du Reiki. Durant la pratique elle-même, vous devriez presque *oublier* la personne à qui le soin est destiné, et rester en union spirituelle avec les symboles d'Usui. Souvenez-vous de ce texte qui explique que « tout l'art de la guérison spirituelle réside dans le fait d'*oublier à la fois le patient et son problème*. Ensuite, il convient de se tourner vers le dedans de soi-même, afin d'y contacter la Présence divine, cette grâce omnipotente de Dieu qui nous suffit en toutes choses… ». C'est ce que nous faisons à l'aide des symboles du Reiki. Ce qu'il faut retenir ici, c'est surtout la dimension méditative qui se dégage de cette procédure et l'état d'esprit dans lequel se trouve la personne qui offre le Reiki. Un état rempli de conscience et de vigilance intérieure *(zanshin)*.

La pratique de méditation *hatsurei ho* enseignée lors du stage *okuden kouki* incorpore, quant à elle, la récitation à voix haute des cinq préceptes du Reiki, que l'on appelle *gokai sansho* :

Juste aujourd'hui – *kyo dake wa*
Sois libre de toute colère – *okoru-na*
Sois libre de tout souci – *shinpai suna*
Montre de la reconnaissance – *kansha shite*
Accomplis ton devoir avec gratitude – *goo hage me*
Sois aimable avec les gens – *hito ni shinsetsu ni*

Nous avons reçu à Vancouver les préceptes du Reiki ci-dessous [1] calligraphiés par Mikao Usui sur un morceau de lin, tels qu'Hiroshi Doï les a lui-même reçus de son maître, Mme Kimiko Koyama :

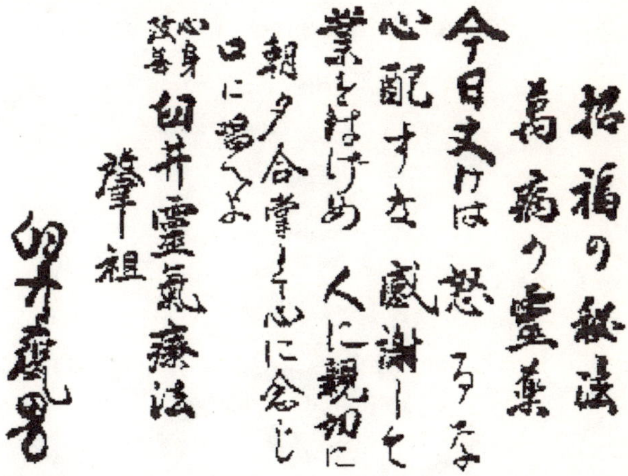

1. Vous trouverez une traduction complète de ces préceptes à la page 47 de mon ouvrage *Reiki, sagesse et compassion*. Lorsqu'ils sont énoncés en entier, cela se prononce ainsi en japonais : *« shofuku no hiho ; manbyo no reiyaku ; kyo dake wa ; okoru na ; shinpai suna ; kansha shite ; goo hage me ; hito ni shinsetsu ni ; asa yuu gassho shite, kokoro ni neji, kuchi ni tonaeyo ; shin shin kaizen Usui Reiki Ryoho ; chosso Usui Mikao »*. Rappelons que le japonais se lit de haut en bas, et de la droite vers la gauche.

QUESTION 93 : Vous mentionnez, dans votre ouvrage précédent *(Reiki, sagesse et compassion)*, la possibilité de psalmodier et même de chanter les *mantra* du Reiki. Pouvez-vous nous en dire un peu plus ?

RÉPONSE : Le but est de pratiquer jusqu'au point de *devenir* le symbole du Reiki, de *faire un* avec l'objet de méditation, tel que cela est exprimé dans l'enseignement shingon et tendaï du bouddhisme ésotérique japonais. On fait ainsi parce que l'on considère que chaque symbole du Reiki représente une qualité spirituelle de guérison à laquelle on cherche à s'identifier. Le croquis ci-dessous [1] représente l'union de l'homme et du symbole par le biais de la méditation. Ce dessin est remarquable en ce sens que le calligraphe a su reproduire, à l'aide de son pinceau, l'expérience méditative la plus profonde qui soit. Il représente ici la syllabe sacrée *AM* sous la forme d'un moine assis en contemplation, et avec laquelle il est totalement uni.

1. Cette reproduction est tirée du livre de John Stevens, *Sacred calligraphy of the East*, Sambhalla, 1995.

Vous pouvez donc méditer ainsi, c'est-à-dire visualiser, psalmodier et chanter les syllabes des *mantra* de chaque symbole du Reiki, en suivant une procédure similaire à celle d'un soin à distance expliquée un peu plus haut. Cela devient alors une véritable invocation, unissant le geste *(mudra)*, le chant des *mantra* et la visualisation en esprit. Le tableau ci-après montre comment vous pouvez vous y prendre.

I – *KIHON SHISEI* (posture de base)

Asseyez-vous sur le sol, en posture traditionnelle japonaise sur les genoux *(seiza)*, ou jambes croisées, assis sur un coussin *(zazen)*, ou encore assis sur une chaise, le dos bien droit et l'esprit relâché. Gardez les yeux fermés, respirez calmement et naturellement. Détendez-vous. Demeurez un moment dans cette assise silencieuse, l'attention portée à votre souffle.

II – *GASSHÔ* (salutation, motivation)

Amenez les mains ensemble, paumes l'une contre l'autre, à la hauteur de votre poitrine. Respirez normalement. Calmez l'esprit et placez votre attention dans vos mains. Éprouvez de la reconnaissance et de la gratitude pour le Reiki, et sentez-vous rempli de compassion. Répétez en vous-même : « Afin que tous les êtres réalisent l'illumination suprême et insurpassable, j'engendre en mon cœur l'amour, la compassion, la joie et l'équanimité incommensurables de l'esprit d'éveil. »

III – *SEISHIN TOUITSU* (concentration de l'esprit, invocation des symboles du Reiki)

Tracez un des symboles du Reiki dans l'espace face à vous et répétez intérieurement plusieurs fois le *mantra* correspondant. Ressentez la forme du symbole et la vibration du *mantra* en vous-même. Gardez-le uni à l'esprit. Prenez ensuite une grande inspiration et, sur le prolongement de l'expiration, chanter les syllabes du *mantra*, à voix haute (on peut le faire aussi intérieurement, selon le contexte). Gardez l'esprit focalisé et méditatif. Unissez votre conscience avec le symbole et le chant du *mantra*. Le point essentiel d'une telle méditation est de retrouver un état de présence naturelle et spontanée généré par l'invocation du *kotodama* utilisé. Détendez-vous et laissez-vous porter par le chant, les syllabes et le son du *mantra*, d'une façon relâchée et vigilante à la fois. Répétez cela autant de fois que vous le désirez.

IV – *ZAZEN* (méditation silencieuse)

Une fois le chant terminé, revenez à votre posture. Restez silencieux et spacieux en vous-même. Demeurez simplement dans la qualité de silence intérieur qui suit la récitation du *mantra*. Celui-ci ne sera plus un silence ordinaire…

V – GASSHÔ (salutation, dédicace)

Joignez les mains à nouveau, paumes l'une contre l'autre, à la hauteur de votre cœur. Éprouvez de la reconnaissance. Remerciez et dédiez votre méditation ainsi : « Puisse tout le mérite obtenu par cette pratique contribuer à l'éveil et au bonheur de tous les êtres. »

Jusqu'à présent, j'enseignais de cette manière, avec une façon particulière de chanter les *mantra* inspirée par l'un de mes maîtres tibétains. Mais depuis peu, ayant reçu la transmission concernant la façon juste de chanter les *mantra/kotodama*, j'ai quelque peu modifié ma manière de faire. Mes élèves actuels bénéficient de ces nouveautés.

Conclusion

QUESTION 94 : Quel serait selon vous le slogan du Reiki le plus approprié ?

RÉPONSE : Je me trouvais à Paris pour animer un stage de Reiki premier degré et, du bus qui m'amenait de l'aéroport, j'ai vu une affiche publicitaire pour la Renault Kangoo. Il y avait d'écrit en grand : « Commencez par vous plaire ! » Voilà qui serait une bonne devise pour notre art de soigner, car je pense qu'il faut commencer par s'aimer et s'accepter soi-même, en vue de pouvoir donner de l'attention et de l'amour à autrui.

QUESTION 96 : Avez-vous maintenant quelque chose à ajouter pour conclure notre entretien ?

RÉPONSE : En effet. À la fin d'une interview portant sur l'aïkido, Morihei Ueshiba sensei déclara ceci : « Aujourd'hui, vous m'avez fait beaucoup d'honneur en me posant diverses questions. Cela permet de nous harmoniser. Et c'est cela le sens de l'aiki. »

C'est également l'essence du Reiki ! Il nous faut aussi garder à l'esprit la grande souffrance qui règne sur cette terre. Dernièrement, un journaliste télévisé a rappelé qu'il y avait encore dans notre monde plus de cinquante-cinq pays en guerre. C'est impensable. Il nous faudrait donc dédier nos pratiques spirituelles, nos pratiques de Reiki et toutes nos prières, pour la *paix dans le monde*. Que tous les êtres humains, quelles que soient leurs différences, vivent en harmonie et sans conflit. Nous devrions beaucoup prier pour cela, chacun à sa manière, chacun selon sa foi. Puisse le Reiki apaiser la souffrance de notre terre.

Le monde qui nous entoure est à la fois joyeux et cruel. L'écart entre l'amour et la haine est plus tangible que jamais. Puissions-nous aller de l'avant, et puissent les générations futures émerger là où nous avons sombré. C'est là mon ultime prière.

Jonathan Elias [1]

---

1. Jonathan Elias, *The Prayer Cycle*, Sony Music, 1999.

ANNEXES

LA MÉDITATION COMME CHEMIN DE GUÉRISON : CONSEILS ET PRATIQUE

Dans le bouddhisme, nous ne pratiquons pas la méditation pour réprimer nos sensations, mais comme moyen de veiller sur elles, d'être leur garde avec un soin affectueux, sans violence. Quand nous pouvons maintenir l'attention consciente, nous ne sommes pas emportés ou submergés par nos sensations, ni noyés dans nos conflits intérieurs. Nourrissant et maintenant l'attention consciente, nous essayons de prendre conscience de nos formations internes et de nos conflits à mesure qu'ils se manifestent. Nous les recevons avec amour, comme une mère prend soin de son enfant dans ses bras : « L'attention consciente est présente, et je sais que j'ai assez de force pour être en contact avec mes nœuds intérieurs. »

Thich Nhat Hanh [1]

Au lieu de démissionner du monde, vous pouvez prêter attention à votre corps, à votre respiration, à vos sentiments, à vos pensées jusqu'à ce que vous ayez dépassé toutes les différences et limitations, et réalisé ce que nous appelons la présence de Dieu. Nous sommes tous « un » avec la réalité ultime.

Père Bede Griffiths [2]

---

1. Thich Nhat Hanh, *op. cit.*, p. 115.
2. *Convergence du christianisme et du bouddhisme*, p. 127.

Je souhaite une fois de plus m'exprimer au sujet de la méditation, pratique si précieuse à mes yeux, à la fois complémentaire et indissociable de celle du Reiki. J'en ai fait mention de nombreuses fois, durant les stages que j'anime et notamment dans mes deux premiers ouvrages, ainsi que dans celui-ci. Bien que transmettant les initiations du Reiki, je ne me considère pas pour autant comme un « maître de méditation » et je n'ai aucune autorité spirituelle pour l'enseigner convenablement. Toutefois, je peux partager mon expérience et suggérer quelques conseils élémentaires, comme de s'asseoir en silence et de respirer en conscience, pleinement attentif. Je vais donc particulièrement m'inspirer ici des recommandations de grands maîtres spirituels qui ont atteint une réalisation authentique en ce domaine.

La méditation est à notre portée comme l'est chacune de nos respirations. Rendons simplement ce processus instinctif de plus en plus conscient. Avec un peu d'entraînement, vous vous apercevrez que le support utilisé, l'attention au souffle par exemple, devient progressivement moins important. Il se développe alors un sentiment de *présence* spontanée à mesure que disparaissent les émotions conflictuelles et l'agitation mentale. Cette disponibilité à l'instant devient plus naturelle et une façon ouverte et merveilleuse de vivre. Par conséquent, si nous devenons plus présents à nous-mêmes, le monde et les êtres qui y vivent le deviennent aussi. Si nous devenons conscients de la vie en nous et autour de nous, alors tout devient précieux et rempli de la même énergie de vie.

Il y a cependant un comportement juste à trouver au sein d'une telle pratique : celui de rencontrer et de voir pleinement ce qui s'élève dans l'esprit, ce qui demeure dans l'esprit, ainsi que ce qui disparaît de l'esprit. Il faut ainsi s'offrir un espace suffisamment grand et ouvert pour accueillir toutes les turbulences intérieures parfois refoulées depuis longtemps, sans chercher à les supprimer pour autant. Il nous faut faire briller la lumière de la conscience et de l'attention.

> En bref, demeurez sans artifice sur tout ce qui peut survenir dans l'esprit. Ne réagissez pas, ni en encourageant ni en inhibant.
>
> Patrul Rinpoché [1]

Apportons maintenant quelques conseils de base afin de réaliser ce que les enseignements bouddhistes nomment les trois immobilités : celles du corps, de la parole et de l'esprit. Pour ce qui est de la posture physique, elle consiste à maintenir le dos droit, mais sans raideur excessive pour autant, afin que les énergies subtiles puissent y circuler librement, que l'on soit assis sur un coussin jambes croisées, ou sur une chaise les pieds bien à plats sur le sol. Il est d'ailleurs enseigné que l'esprit chevauche les souffles contenus dans les canaux du corps. Si le corps adopte une bonne position, nous sommes alors sûrs que l'énergie circulera correctement et que l'esprit retrouvera une condition de clarté naturelle.

> Par la rectitude du corps, les canaux subtils sont droits. Par la rectitude des canaux, les souffles subtils sont droits. Par le contrôle des canaux et des souffles, l'esprit est fixé.
>
> Karmapa Ouangtchouk Dorjé [2]

Le corps doit être immobile et solide comme une montagne, et l'esprit aussi vaste que le ciel. Votre assise doit

---

1. James Low, *op. cit.*, p. 178.
2. « Cette citation indique clairement que le point de départ pour un bon placement de l'esprit réside dans la posture physique. Tout méditant récalcitrant à utiliser les méthodes plus subtiles pour trouver le placement juste de l'esprit devrait au moins s'en remettre à la posture. » Déchoung Rinpoché, *Le Flambeau de la libération*, éditions Yogi Ling, 1997, p. 19.

manifester la stabilité et la dignité. Les paumes des mains reposent naturellement sur les genoux, dans une posture dite « à l'aise », ou bien en dessous du nombril dans le *mudra de la méditation*, l'une sur l'autre et les pouces joints.

> Soyez assis avec toute la majesté inaltérable et inébranlable de la montagne. La montagne est complètement naturelle et bien établie sur ses bases, quelle que soit la violence des vents qui l'assaillent ou l'épaisseur des nuages sombres qui tourbillonnent à son sommet. Assis comme une montagne, laissez votre esprit s'élever, prendre son essor et planer dans le ciel.
>
> Sogyal Rinpoché [1]

Gardez les yeux ouverts ou mi-clos. Évitez de les laisser fermés durant toute votre méditation, afin de ne pas vous sentir coupés et séparés du reste du monde. Sogyal Rinpoché insiste en disant que notre méditation et notre regard devraient être vastes comme l'étendue de l'océan.

> Les yeux sont immobiles, stables comme un lac, le regard n'étant forcé d'aucune manière, mais détendu, posé, insensible aux apparences. Tout se reflète en lui, comme les étoiles et les constellations dans un lac.
>
> Kunzang Péma Namgyèl [2]

C'est un point important car, dans certains enseignements du dzogchen, il existe une pratique spécifique où l'on plonge et unit son regard avec l'espace face à soi (mais non face au soleil), afin que le ciel extérieur révèle le ciel intérieur et que ce dernier dévoile le ciel intime, ou secret, la clarté originelle de l'esprit. Lorsque l'on est débutant, on peut toutefois garder ses yeux fermés au début de la séance afin de trouver en soi-même un état calme et relaxé. Mais attention de ne pas

---

1. Veuillez apprécier le petit livret fort utile de Sogyal Rinpoché : *Conseils essentiels sur la méditation*, diffusé par le centre Rigpa, 6 *bis*, rue Vergniaud, 92300 Levallois-Perret.

2. *L'Escalier de cristal*, vol. III, Marpa, p. 124.

transformer sa pratique en une « méditation sauna », ainsi que l'exprime avec humour certains maîtres tibétains, c'est-à-dire une forme de méditation où règne un certain confort mais sans clarté ni présence éveillée. Un tel méditant reste comme replié à l'intérieur de lui-même. Cela n'est certes pas la voie de la libération, mais le prolongement de l'état confus et hébété de l'esprit.

La parole est dite silencieuse. Aucun mot n'est prononcé, aucun murmure n'est exprimé. La respiration demeure naturelle, ni forcée, ni contrôlée ni disciplinée, comme c'est le cas dans certaines méthodes de yoga ou de *pranâyama*.

La parole est immobile, elle ne déclare rien, ne récite ni *mantra*, ni prière, ni texte de pratique. Aucun exercice des souffles ou du souffle, la respiration est totalement sans effort et totalement détendue [1].

Le mental est au repos. Demeurez calme et tranquille, l'esprit complètement relâché mais vif et alerte à la fois.

Ensuite, appliquez les instructions qui permettent de poser et de stabiliser la conscience : ne pas ressasser, repasser, revivre ou analyser les événement passés ; ne rien prévoir pour les périodes à venir ; ne rien fabriquer dans le présent, laisser le mental en congé ; demeurer simplement dans l'état originel [2].

Il est dit que si l'on crée les conditions favorables dans son corps et son environnement, la méditation et la réalisation s'élèveront automatiquement. Il n'y a donc rien à rechercher, rien à imposer ni rien à contrôler.

Pendant la méditation, l'esprit est déposé de manière égale dans son état naturel. Il est comme une eau tranquille qui n'est pas agitée par les ondes ou la brise. Quand une pensée ou un changement s'élève dans cette immobilité, elle prend forme comme une vague sur l'océan et disparaît de nouveau. Laissée naturellement, elle se dissoudra

---

1. *Ibid.*
2. *Ibid.*

naturellement. Quelle que soit la perturbation qui fait irruption dans l'esprit, si vous la laissez être, d'elle-même, elle s'épuisera et se libérera. Ainsi, la vue obtenue par la méditation est que tout ce qui apparaît n'est rien d'autre que le déploiement ou la projection même de l'esprit.

Dudjom Rinpoché [1]

En résumé, il peut y avoir de nombreuses pratiques différentes telles que l'attention au souffle, la méditation marchée, la récitation de *mantra*, la visualisation de symboles, la contemplation de l'esprit sur la dévotion ou la compassion, etc., mais, quel que que soit le support utilisé pour notre méditation, le but de celle-ci est qu'elle nous ramène à la nature véritable de notre esprit. Une fois que nous avons trouvé ce qu'il y a d'essentiel à l'intérieur de nous-mêmes, nous pouvons dépasser la « technique » et seulement demeurer dans une condition d'ouverture. Restons simplement éveillés et présents. N'ayons pas trop d'attente, d'espoir ou de regret à l'égard de notre pratique. Apprécions le simple fait d'être vivant.

Je désire maintenant laisser la place aux élèves du moine zen Thich Nhat Hanh (qui pratique et enseigne l'art de vivre dans la « pleine conscience »). Leurs paroles sont une source d'inspiration authentique et nous invitent à développer plus de diligence pour la méditation assise, dans un esprit de pure compassion pour soi-même :

La méditation assise est un moyen de retourner chez soi et de prendre soin de soi. À l'instar de la représentation du Bouddha sur l'autel, nous pouvons nous aussi rayonner la paix et la stabilité. Nous nous asseyons le dos bien droit avec dignité et retournons à notre respiration. Nous portons notre pleine attention à ce qui se passe à l'intérieur et autour de

---

1. Cet extrait est tiré d'un enseignement donné par Dudjom Rinpoché à Rigpa, l'association de Sogyal Rinpoché, et fait l'objet d'une nouvelle traduction en cours. Rigpa, 6 *bis*, rue Vergniaud, 92300 Levallois-Perret.

nous. Nous laissons notre esprit devenir ouvert et sans limites et notre cœur doux et aimant.

La méditation assise apporte beaucoup de bienfaits. Nous réalisons que nous pouvons être un avec ce qu'il y a à l'intérieur de nous : notre douleur, notre colère, notre irritation ou notre joie, notre amour, notre paix... Nous sommes seulement avec ce qui est là sans nous laisser entraîner. Laissons ce qui est là apparaître, s'installer puis repartir. Nul besoin de rejeter ou de réprimer une pensée, ni de prétendre qu'elle n'est pas là. Observez les pensées et les images de votre esprit avec un regard tolérant et amical. Nous sommes libres de demeurer immobiles et calmes en dépit des orages qui peuvent éclater en nous [1].

Quand le corps et l'esprit font un, les blessures de notre cœur, de notre esprit et de notre corps commencent à guérir. Tant que le corps et l'esprit demeurent séparés, ces blessures ne peuvent guérir. Pendant la méditation assise, les trois éléments souffle, corps et esprit sont calmés et progressivement amenés à l'unité. Si la paix est établie dans l'un de ces trois éléments, les deux autres aussi seront bientôt apaisés.

Thich Nhat Hanh [2]

Bien entendu, la pratique véritable ne s'arrête pas une fois que nous quittons le coussin de méditation. Nous devons ensuite pratiquer l'intégration dans l'*après-méditation*, en maintenant une conscience attentive et une certaine qualité de présence, quoi que nous fassions. Nous pouvons suggérer de faire des pauses de « pleine conscience » toutes les heures, ramenant l'esprit en lui-même le temps de quelques respirations, ou encore réciter un *mantra* ou une courte prière qui nous inspire particulièrement.

Après la pratique assise formelle, maintenez cette conscience claire légère, spacieuse, tout au long de la journée. Graduellement, la conscience claire s'affermira et la confiance intérieure croîtra (...). Que vous

---

1. Extraits de *Pour nourrir notre joie au Village des Pruniers : un guide pour les pratiques et les activités*, rédigé par les moines et les moniales du centre de méditation du Vénérable Thich Nhat Hanh : Le Village des Pruniers, Meyrac, 47120 Loubès-Bernac.

2. Thich Nhat Hanh, *op. cit.*, p. 50.

marchiez, que vous soyez assis, que vous mangiez, que vous vous endormiez, ayez un sentiment d'aise et de présence d'esprit (...). Finalement, quoi que vous fassiez, faites le selon le Dharma, ce qui est la façon de calmer l'esprit et de subjuguer les négativités.

Dudjom Rinpoché [1]

---

1. Voir note p. 151.

PRIÈRES DE DÉDICACE DES MÉRITES

Puissé-je toujours m'efforcer d'égaler votre caractère et vos vertus, Ô Sensei
Puissé-je toujours chercher à soulager la souffrance, la douleur et la peine
De tous les êtres sensibles qui transmigrent dans l'océan du samsâra [1].

Sogyal Rinpoché [2], un lama tibétain connu des Occidentaux et auprès de qui j'étudie la méditation bouddhiste, a demandé à tous ses étudiants de dédier les mérites des pratiques qu'ils ont accumulés, que ce soit ensemble ou individuellement, dans le passé, le présent ou le futur. Nous pouvons, bien sûr, nous en inspirer pour nos pratiques de Reiki et accroître ainsi la dimension spirituelle de celles-ci. Le Reiki deviendra non seulement une méthode de santé et de croissance pour soi et les autres, mais une source d'éveil véritable.

---

1. Court extrait d'une prière d'aspiration dédiée à Mikao Usui et composée le lendemain de son décès, par l'un de ses plus proches élèves, Kioshi Itami Watanabe sensei. Lire à ce sujet l'ouvrage surprenant : *Médecine Dharma Reiki*, Lama Yeshe, Full Circle, 2000.

2. Sogyal Rinpoché est l'auteur du remarquable ouvrage *Livre tibétain de la vie et de la mort*, dont le nombre de lecteurs ne cesse d'augmenter chaque année. « Puisse le livre de Rinpoché continuer à inspirer le cœur et l'esprit de millions de personnes, et les amener sur le chemin de l'éveil ! »

Par le pouvoir et la vérité de ces pratiques, puissent toutes les prières et tous les souhaits que voici être accomplis. J'adresse cette prière de dédicace à :

• Tous ceux qui, à travers le monde, souffrent des conséquences de la guerre et de la violence, de la famine ou de catastrophes naturelles, de la pauvreté et de l'oppression : puisse leur souffrance être apaisée et puissent-ils trouver la paix, le réconfort et le bonheur !

• Tous les dirigeants qui s'efforcent d'apporter un réel changement et la réconciliation dans le monde : puissent leurs actions être réellement efficaces !

• Toutes les grandes traditions spirituelles du monde et pour leurs authentiques porte-parole : puisse leur message être entendu et leur travail être couronné de succès !

• Tous ceux qui travaillent à alléger la souffrance des êtres : puissent-ils ne jamais connaître le découragement et puissent leurs actions pleines de compassion en inciter beaucoup d'autres à suivre leur exemple !

GASSHÔ

Gasshô est une expression japonaise qui signifie joindre les deux paumes de mains ensemble (en salutation ou en prière). Ce geste sacré représente un *mudra* induisant un changement positif dans la conscience.

Il exprime une attitude de respect, d'ouverture, d'humilité, de confiance et d'abandon. Une attitude nourrie par la gratitude, l'appréciation et la reconnaissance que l'on éprouve envers Usui sensei, l'enseignement spirituel du Reiki et ceux qui le pratiquent de façon juste.

Cette posture amène automatiquement un recentrage profond et introduit une expérience d'unité, c'est-à-dire une conscience de non-séparation, d'harmonie et de paix avec l'univers entier.

En cette fin d'ouvrage, je vous adresse cette salutation respectueuse tout en partageant avec vous mon amour et ma joie du Reiki.

I shin den shin… Ai to hikari…
De mon âme à votre âme… Amour et lumière…

CONCLUSION

Sous le soleil de la conscience, chaque pensée ou action devient sacrée.

Thich Nhat Hanh

La rédaction de ce troisième livre fut pour moi une nouvelle expérience, passionnante et remplie d'inspiration. Mais peut-on parler véritablement de *rédaction*, dans la mesure où la plupart de ce qui est livré dans ces pages fut le fruit d'une transmission orale et d'un échange vivant avec un groupe d'étudiants tout au long de ces dernières années ? Cet ouvrage constitue en fait un véritable partage.

Le Reiki ne cesse d'évoluer, dans le sens d'un retour véritable à ses racines spirituelles. Je me réjouis de servir ainsi humblement la cause du Reiki. Ce livre est donc un témoignage vivant rendu à un art véritable, à la fois source d'éveil, de transformation, de libération et de guérison spirituelle. Mais aussi inspirant soit un livre, aussi investi et passionné soit son auteur, souvenez-vous bien que le but véritable du Reiki est d'être pratiqué et échangé.

Mon intention est que cet ouvrage (ainsi que mes deux précédents) replace la discipline du Reiki dans une perspective spirituelle de soin. Il est également une invitation à approfondir la pratique, pour votre propre bien, celui d'autrui et de la planète tout entière. J'exprime maintenant le souhait qu'il ait su répondre à nombre de vos questions, comme il a répondu aux miennes !

Puissent de nombreuses personnes comprendre quel grand service Usui sensei a rendu au monde [1].

À très bientôt pour de prochains et merveilleux échanges.

---

1. Dernière ligne inscrite sur la stèle funéraire de Mikao Usui.

Lorsque vous méditez profondément sur la compassion, vous en venez à réaliser que la seule façon pour vous d'aider totalement *les autres est d'atteindre l'éveil. Alors naît en vous un sentiment puissant de détermination et de responsabilité universelle, en même temps que le désir empli de compassion d'atteindre l'éveil pour le bien de tous les êtres.*

Sogyal Rinpoché

Seigneur,
Dans le silence de ce jour naissant,
Je viens te demander la paix, la sagesse, la force
De regarder aujourd'hui le monde
Avec des yeux tout remplis d'amour
D'être patient, doux, compréhensif et sage
Pour voir au-delà des apparences
Tes enfants comme tu les vois toi-même.
Ferme mes oreilles à toute calomnie,
Garde ma langue de toute malveillance,
Que seules les pensées qui bénissent
Demeurent en mon esprit
Que je sois si joyeux et si bienveillant
Que tous ceux qui m'approchent sentent Ta Présence
Revêts-moi de ta beauté, Ô Seigneur
Et qu'au long de ce jour je te révèle !

Saint François d'Assise

Puisque la base de l'égarement
Des êtres ordinaires
Est une ignorance inconsciente,
Moi, Bouddha, je formule ce souhait :
Puisse la lucidité de tous les êtres
Se connaître elle-même !
Par mes souhaits de Bouddha,
Que tous les êtres du samsâra
Soient purifiés de leur sombre inconscience,
Et débarrassés de leur saisie dualiste
Puissent-ils reconnaître le vrai visage de la lucidité !

Kuntouzangpo [1]

---

1. Kunzang Péma Namgyèl, *op. cit.*, p. 8.

BIBLIOGRAPHIE

Péma Chödrön, *Quand tout s'effondre*, La Table ronde, 1999.

Guy Corneau, *La Guérison du cœur*, Robert Laffont, 2000.

Dugpa Rinpoché, *Préceptes de vie*, Presses du Châtelet, 1997.

Shardza Tashi Gyaltsen, *Les Sphères du cœur*, Les Deux Océans, 1999.

Thich Nhat Hanh, *Le Cœur de la compréhension*, publication du Village des Pruniers, Meyrac, Loubès-Bernac, 47120 Duras.

Transformation et Guérison, Albin Michel, 1999.

La Respiration essentielle, Albin Michel, 1996.

James Low, *La Simplicité de la grande perfection*, Éditions du Rocher, 1999.

Kunzang Péma Namgyèl, *L'Escalier de cristal*, Marpa, 1998.

Gyétrul Jigmé Norbou, *Le Goût du thé*, Marpa, 1997.

Frank Arjava Petter, *Feu de Reiki*, Niando, 2000.

Reiki – Le Legs du Dr Usui, Niando, 2000.

Le Manuel original de Reiki du Dr Mikao Usui, Niando, 2000.

Matthieu Ricard, *L'Esprit du Tibet*, Éditions du Seuil, 1996.

Sogyal Rinpoché, *L'Avenir du bouddhisme*, The Tertön Sogyal Trust, 2000.
Kusan Sunim, *La Voie du zen coréen*, Dharma, 1999.
Tulku Thondup, *L'Infini Pouvoir de guérison de l'esprit*, Le Courrier du Livre, 1997.
Itsuo Tsuda, *Le Dialogue du silence*, Le Courrier du Livre, 1979.
Tenzin Wangyal, *Les Prodiges de l'esprit naturel,* Éditions du Seuil, 2000.

À PROPOS DE L'AUTEUR

Au service du Reiki depuis de nombreuses années, comme praticien dès 1988, Patrice Gros est devenu initiateur et enseignant de Reiki traditionnel en 1990. Il a entrepris, voilà plus de vingt ans, une démarche spirituelle, principalement à travers l'enseignement bouddhiste et dzogchen qu'il étudie essentiellement auprès de Sogyal Rinpoché et de Gyétrul Jigmé Norbou Rinpoché, ainsi que d'autres enseignants de cette tradition.

Patrice Gros a reçu une formation poussée et possède une expérience approfondie de la pratique et de l'enseignement du Reiki, qu'il communique avec une facilité naturelle. Il reçut son premier et deuxième degré du Reiki en 1988 de Jane Cherrington, l'une des responsables de l'association internationale *Reiki Alliance* en France, et l'une des premières enseignantes de Reiki dans ce pays. Après plusieurs années de pratique du Reiki dans un centre de thalassothérapie, il reçut le degré de maîtrise/enseignant de Don Alexander, qui fut bonze pendant dix ans en Thaïlande, appartenant à l'école des « moines de la forêt ». Don Alexander est un enseignant de Reiki mondialement reconnu. La très grande qualité de son enseignement, son ouverture et sa générosité de cœur font de lui un enseignant unique et exemplaire.

Courant 1996 et 1997, en Grande-Bretagne, Patrice Gros reçut une transmission du Reiki provenant d'une lignée de maîtres zen japonais, élèves de Chujiro Hayashi. En août 1999, lors d'un séjour à Vancouver, il fut formé et initié par Hiroshi Doï, un des maîtres de Reiki membre de l'association originelle d'Usui au Japon (l'*Usui Reiki Ryoho Gakkaï* de Tokyo). Puis, c'est finalement en novembre 2000, à Londres, qu'il reçut la transmission et les initiations originelles du Reiki *(reiju)*, dont la lignée remonte à des disciples directs du fondateur, dont une nonne bouddhiste âgée aujourd'hui de cent cinq ans (celle-ci fut une élève et proche amie d'Usui). Il compléta et acheva sa formation lors d'un nouveau séjour en Grande-Bretagne, à Folkstone, en janvier 2001.

Patrice Gros s'aligne sur les critères et les principes éthiques fondamentaux du *Reiki Usui (Usui Teate)* traditionnel japonais. Il se veut proche de l'enseignement initial et de son essence, et respecte ainsi la tradition orthodoxe transmise au départ par sensei Mikao Usui. Ce sont toutes ces années d'approfondissements et de recherches, en étroite collaboration avec Don Alexander, qui lui ont procuré une excellente connaissance des symboles et des *kotodama* sacrés d'Usui, de leurs utilisations et des méthodes originelles du Reiki. Il possède de surcroît une solide compréhension de la philosophie, de la culture et de la tradition du Reiki, ainsi que de ses origines. C'est avec joie et humour qu'il partage avec chacun ce savoir, ainsi que les fruits de son expérience.

NOTES PERSONNELLES

TABLE DES MATIÈRES

ANNEXES

CET OUVRAGE A ÉTÉ REPRODUIT
ET ACHEVÉ D'IMPRIMER SUR ROTO-PAGE
PAR L'IMPRIMERIE FLOCH À MAYENNE
EN MARS 2001

Éditions du Rocher
28, rue Comte-Félix-Gastaldi
Monaco

Dépôt légal : mars 2001.
N° d'édition : CNE section commerce et industrie
Monaco : 19023.
N° d'impression : 51234.

Imprimé en France